绿茵场上寄托着中国人的"足球梦"

在所有体育项目中,没有比足球更让中国人牵肠挂肚、念念不忘的了。中国足球虽经历无数次失败,但从未放弃再战的信念和对胜利的渴望。

习近平总书记明确指出：足球运动的真谛不仅在于竞技，更在于增强人民体质，培养人们爱国主义、集体主义、顽强拼搏的精神。

绿茵精神

颜中杰 曹源 马延峰 主编

上海大学出版社

图书在版编目（CIP）数据

绿茵精神 / 颜中杰, 曹源, 马延峰主编. —上海：上海大学出版社, 2023.12
ISBN 978-7-5671-4892-5

Ⅰ.①绿… Ⅱ.①颜…②曹…③马… Ⅲ.①足球运动–体育文化–研究–中国 Ⅳ.① G843

中国国家版本馆 CIP 数据核字 (2023) 第 244272 号

责任编辑　黄晓彦　司淑娴
书籍设计　缪炎栩
技术编辑　金　鑫　钱宇坤

绿茵精神
颜中杰　曹源　马延峰　主编

出版发行	上海大学出版社
地　　址	上海市上大路 99 号
邮政编码	200444
网　　址	www.shupress.cn
发行热线	021-66135109
出 版 人	戴骏豪
印　　刷	上海东亚彩印有限公司
经　　销	各地新华书店
开　　本	890mm×1240mm　1/32
印　　张	8.25
字　　数	160 千
版　　次	2024 年 1 月第 1 版
印　　次	2024 年 1 月第 1 次
书　　号	ISBN 978-7-5671-4892-5/G·3582
定　　价	68.00 元

版权所有　侵权必究
如发现本书有印装质量问题请与印刷厂质量科联系
联系电话：021-34536788

编委会名单

主　编　颜中杰　曹　源　马延峰
副主编　王江宇　梁　栋　康　健　牛锦山　孙　岩
编　委　（按姓氏笔画排序）
　　　　　于　建　马业康　王长琦　王文胜　王国斌
　　　　　甘宏博　左晓东　石晓峰　龙诗雨　卢高峰
　　　　　邢兆毅　刘　真　刘　斌　刘学诚　孙明远
　　　　　李秉钢　李洪一　张乙画　郑　健　赵　鑫
　　　　　侯　翼　秦　亮　陶华成　韩丽萍　黑晓虎
　　　　　程相铮

CONTENTS 目录

01 祖国至上
ZUGUO ZHISHANG

梦想燃烧 献身祖国　　　　　　　　　003
马拉多纳的世界杯，阿根廷的世界杯

为祖国战至最后一刻　　　　　　　　010
"跑不死"的队长莫德里奇

召必应 战必胜　　　　　　　　　　　015
38岁米拉大叔临危受命创造历史

足球世界的永恒印记　　　　　　　　020
球王贝利的传奇生涯

舍弃优渥生活 投身祖国建设　　　　　026
"球星总统"乔治·维阿的大义与担当

年薪过亿却用着碎屏手机　　　　　　032
非洲巨星马内的抠门与慷慨

用足球平息内战 为祖国带来和平　　　038
科特迪瓦的民族英雄德罗巴

"一人一城"坚守米兰数十载　　　　　043
铁血后卫马尔蒂尼的赤胆忠魂

国歌奏响 游子落泪　　　　　　　　　049
郑大世的家国情怀

亚洲足坛不知疲惫的"千里马"　　　　054
永不服输的朝鲜国家女子足球队

02 团队合作
TUANDUI HEZUO

团队永远比个体重要   **061**
米歇尔斯与他的全攻全守战术理念

团队合作的典范   **066**
阿根廷队 2022 年卡塔尔世界杯夺冠记

战火熔炼 淬铁成钢   **071**
克罗地亚队团队精神之写照

钢铁是怎样炼成的   **077**
德意志战车永不屈服

足球场上的"维京战吼"   **083**
欧洲杯上的冰岛奇迹

赢得世界尊重的"亚特拉斯雄狮"   **088**
强韧的摩洛哥军团

你永远不会独行   **095**
"红军"利物浦 30 年英超冠军征程

足坛最美童话   **101**
"蓝狐军团"莱斯特城队英超冠军传奇

硝烟中的彩虹   **108**
2007 年亚洲杯冠军伊拉克男足

工人、草根、荣辱与共的家   **113**
西汉姆联与厄普顿公园球场

03 个人拼搏
GEREN PINBO

缔造"中国的曼联"   121
徐根宝十年磨一剑

从侏儒症患者到一代球王   128
梅西与命运抗争的故事

从马德拉岛到足球之巅   134
无所不能的 C 罗

德国足球的旗帜   140
双料队魂菲利普·拉姆

痴情不改 助 AC 米兰重现辉煌   146
至情至真的伊布拉西莫维奇

宝剑锋从磨砺出   153
世界杯新星里沙利松的逆袭之路

放羊娃闪耀世界杯赛场   158
伊朗"国门"贝兰万德的逐梦之路

改变世俗偏见 促进女足发展   164
世界足球小姐玛塔

04 公平竞赛
GONGPING JINGSAI

第一运动之本真要义   171
国际足联公平竞赛十项准则解读

德技双馨的"中国贝利"   178
"志行风格"光耀神州

绿茵场上的鹰眼 球员心中的天平 　　　　183
"光头裁判"科利纳的铁骨柔情

公平与荣誉 足球精神照耀赛场 　　　　189
福勒放弃点球

严于律己 公平竞赛 　　　　194
克洛泽场上场下践行体育精神

"送还"对手一球 赢得世界掌声 　　　　201
利兹联队主帅贝尔萨诠释公平竞赛真谛

绿牌与白牌 　　　　207
倡导公平竞赛精神

05 铿锵玫瑰
KENGQIANG MEIGUI

坚韧刚毅 拼搏进取 　　　　213
铿锵玫瑰精神的缔造与弘扬

风雨彩虹 铿锵玫瑰 　　　　220
体育精神与女性力量的完美融合

中国女足的旗帜 　　　　225
绿茵场上绽放的铿锵玫瑰孙雯

传承女足精神 再攀世界巅峰 　　　　232
中国女足主教练水庆霞

风雨同舟三十载 坚守初心育小花 　　　　237
张翔、钱惠伉俪演绎青训传奇

背篓精神 　　　　243
走出大山的资中女足

后　记 　　　　248

祖国至上

祖国至上,为国争光,无论时代如何变迁,这种发自内心的朴素共鸣,都是点燃亿万国人奋斗激情的动力引擎,是成就国家各项伟业的强大推力。

- 马拉多纳的世界杯,阿根廷的世界杯
- "跑不死"的队长莫德里奇
- 38岁米拉大叔临危受命创造历史
- 球王贝利的传奇生涯
- "球星总统"乔治·维阿的大义与担当
- 非洲巨星马内的抠门与慷慨
- 科特迪瓦的民族英雄德罗巴
- 铁血后卫马尔蒂尼的赤胆忠魂
- 郑大世的家国情怀
- 永不服输的朝鲜国家女子足球队

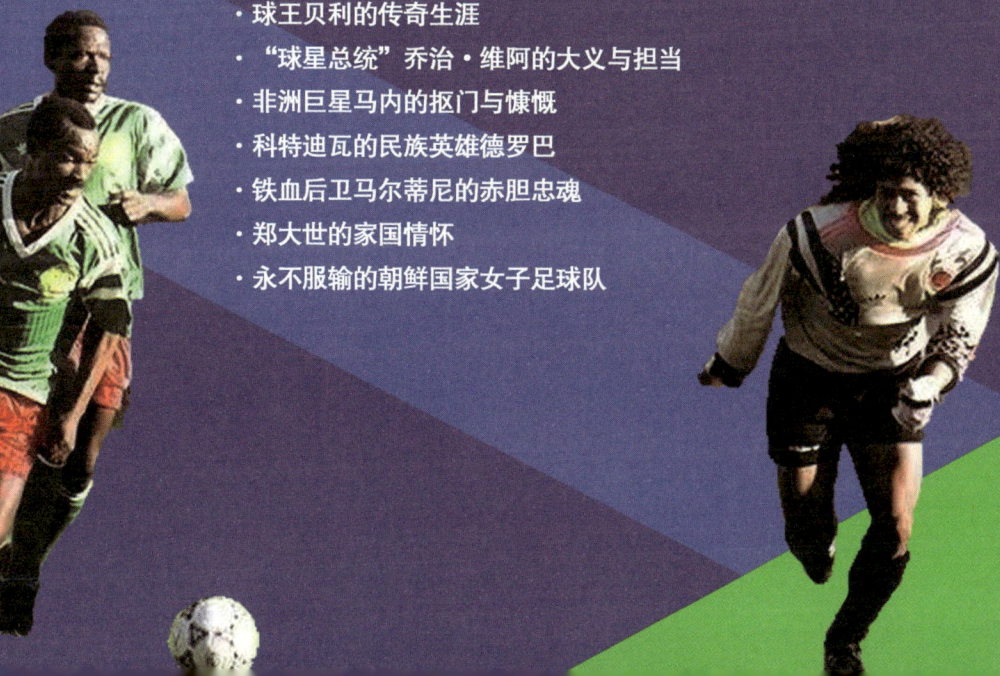

ZUGUO ZHISHANG
梦想燃烧 献身祖国

马拉多纳的世界杯，阿根廷的世界杯

　　世间从来不缺少才华横溢的人，只有将个人命运与祖国需要紧紧联系在一起，在祖国和人民最需要的时候挺身而出、舍身取义者，方可称为"民族英雄"。马拉多纳的足球，超越了精妙的设计和功利主义，分享着快乐和激情。马拉多纳的足球，是极致燃烧，是为国家的荣誉倾其所有，是用一人之力为祖国和人民带来胜利和狂欢。观看马拉多纳的比赛，既是在享受足球，更是在缅怀球王的家国情怀。

"但愿我对足球的热爱永生,但愿你们对我的爱永存,我要感谢你们,以我孩子们的名义,以我父母的名义,以全世界足球运动员的名义。足球是世界上最美好、最健康的运动,这一点毋庸置疑。我犯过错,但足球没有错。我错了,也付出了代价,但足球在我心里永远完美无瑕。"2001年11月10日,在糖果盒球场,足坛巨星迭戈·马拉多纳(Diego Armando Maradona)在他的告别赛上动情地发表了上述演说。对足球真诚的热爱和倾情付出,让马拉多纳独一无二、万世不朽。

马拉多纳生长于阿根廷首都布宜诺斯艾利斯的菲奥里托,这里当时是布宜诺斯艾利斯最贫穷的地区之一。他曾说:"我的家乡什么都没有,没有饮用水,我们需要拿桶去井里打水,也没有电灯和食物。"马拉多纳从小就要拎着20多升的水桶,给妈妈提水做饭,这也让他的身体得到了很好的锻炼。马拉多纳3岁时收到了父亲送给他的人生中最美妙的礼物——一个足

在那不勒斯足球俱乐部时的马拉多纳

球。足球陪伴马拉多纳度过了贫困的童年，同时艰苦的环境也磨练了马拉多纳的球技。孩童时马拉多纳踢球的场地中布满了石子和玻璃碎片，为了避免受伤，马拉多纳不得不踢得更加聪明和敏捷。后来他那些华丽且令人惊叹的动作都源自孩童时糟糕的"球场"环境。对于足球，马纳多拉始终心怀感激："足球成了我童年时最好的陪伴，我从小就与众不同，是足球拯救了我。"

14岁的马拉多纳谈及自己的梦想时说："我有两个梦想，一个是参加世界杯，另一个是夺取世界杯冠军。"尽管马拉多纳的足球天赋和技艺超群绝伦，但马拉多纳的世界杯征程并非一帆风顺，而是充满着失落和艰辛。凭借在阿根廷联赛中的绝佳表现，16岁的马拉多纳便早早地被征召进国家队，本以为可以顺利参加1978年在阿根廷举办的世界杯，但他最终落选了球队大名单。阿根廷队在这一届世界杯上第一次捧起大力神杯，但马拉多纳的内心应该是极度悲伤的。谈起这次落选，马拉多纳坦言道："我大哭了一场。"这成为马拉多纳足球生涯中一段痛苦的回忆。

四年后，已成为国民偶像的马拉多纳终于迎来了自己的第一届世界杯。"我第一次参加世界杯，起步很糟糕。"这是马拉多纳谈起参加1982年世界杯时的记忆。那届世界杯冠军意大利队用顶尖的防守锁死了马拉多纳和阿根廷队，意大利队的球员詹蒂莱就像马拉多纳的影子一样黏着他，这让马拉多纳郁闷不已。在最后一场同巴西队的比赛中，马拉多纳满腔的热血变成了冲动的红牌，而这张红牌结束了他的第一次世界杯之旅。

1984年，马拉多纳转会到意大利那不勒斯足球俱乐部，在这里马拉多纳成功诠释了个人英雄主义，这里也成为他的"封神"之地。20世纪八九十年代，意大利足坛光辉闪耀，米兰人见证了拥有荷兰"三剑客"的AC米兰和拥有德国"三驾马车"的国际米兰风起云涌的辉煌时代。但那不勒斯人并不艳羡其他球队的辉煌，因为他们拥有马拉多纳，尽管在媒体眼中那不勒斯是"意大利最贫穷的城市"。当时压根没人会信"除了债务什么都没有"的那不勒斯队能成为冠军，但在那不勒斯获得难得的安宁和尊重的马拉多纳却化腐朽为神奇，带领那不勒斯队在意甲几大豪门的夹击下，神奇夺冠，成为那不勒斯人的"最爱"。马拉多纳在那不勒斯写下的奇妙诗篇生动地告诉世人——足球是11人的运动，但有时它就是一个人的运动。

马拉多纳"封神"的另一个殿堂是1986年的墨西哥世界杯赛场，在那里，这个小个子球员创造了一届"马拉多纳的世界杯"，生动诠释了个人英雄主义式的爱国主义。开赛前，由于在上届世界杯中的"糟糕"表现，马拉多纳领衔的阿根廷队不被看好。但金子终有发光时，英雄都有属于自己的壮举。开赛后，马拉多纳在小组赛阶段的三次关键助攻和对卫冕冠军意大利队的一个进球让人们的看法彻底改变，天才马拉多纳展现出了所向披靡的王者风范。阿根廷队小组赛出现后，媒体向马拉多纳发问："这会是属于马拉多纳的世界杯吗？"马拉多纳平静地说道："希望如此，

2022年世界杯阿根廷队夺冠庆祝时，球迷展出印有马拉多纳和梅西肖像的旗帜

1982年世界杯上，马拉多纳带球过人的经典瞬间

1986年世界杯上,马拉多纳"连过五人"

我会全力以赴。如果这是马拉多纳的世界杯,那一定也是属于阿根廷的世界杯。"1/4决赛中,阿根廷队与英格兰队的遭遇战便是马拉多纳的封神之战。在这场经典之战中,马拉多纳诡异的"上帝之手"和奔袭60多米连过6人后打入的"世纪进球"成为足球史上永恒的记忆。马拉多纳用个人英雄主义式的两粒进球,帮助阿根廷队2∶1淘汰了英格兰队。那一刻,场上的马拉多纳朝着最终的目标尽情地燃烧着自己。决赛中面对刚毅顽强的德国队,阿根廷队在2∶0领先的情况下被对手连追两分将比分扳平,马拉多纳再次挺身而出,在德国队多人包夹下轻松写意地将球传给队友,为队友创造出直面门将的绝佳机会。在比赛的最后一刻,他用一脚让人意想不到的妙传助攻队友,彻底终结了比赛,为阿根廷队的队服镶嵌上金光闪闪的第二颗星。夺冠的那一刻,马拉多纳迎来了这辈子"最巅峰、最升华"的时刻,成了国家与民族的传奇英雄。

当足球将马拉多纳全家带离困境,马拉多纳能做的就是在球场上倾尽所有,疯狂燃烧,为国家取得荣耀。但谁又能想到,马拉多纳为国家取得荣耀的过程是如此激动人心、荡气回肠。

尽管26岁就已站在世界足坛之巅,但视国家荣誉为生命的马拉多纳仍奋力为国家队做着贡献。随着年龄的增长和多年比赛的损耗,伤病成为马拉多纳驰骋球场的阻碍,但马拉多纳"似乎比任何时间都要自律和刻苦"。30岁时,他再次率队参加1990年意大利世界杯。在决赛中,面对上届世界杯的决赛对手德国队,阿根廷队虽然没能成功卫冕,但马拉多纳率领阿根廷队在这届世界杯上展现了高乔人的勇敢、倔强和不屈不挠的精神。

1994年,美国成为马拉多纳世界杯征程的终点。为了参加自己足球生涯中的最后一届世界杯,马拉多纳减重16公斤,他在美国世界杯开赛前疯狂备战和训练,只为继续自己的足球梦想。开赛后在阿根廷队取得两连胜的大好局面下,马拉多纳却因赛后尿检呈阳性,被驱逐出世界杯。失去了足球之神的阿根廷队就像

马拉多纳与足球融为一体

被截断双翅的雄鹰，在 1/8 决赛中惜败罗马尼亚队后无奈出局，球王马拉多纳的时代就这样落幕了。

马拉多纳的足球人生是复杂的，这一路上有鲜花、掌声，也有争议、责骂和诋毁。他有着魔鬼的一面，上演过狡诈的"上帝之手"；他也有着精灵的一面，"有史以来最伟大的进球"就出自他的脚下。"上帝之手"和"世纪进球"的绝妙交融，便是马拉多纳复杂的足球人生。但马拉多纳的足球人生也是简单的，足球便是马拉多纳的生命，马拉多纳对待足球的态度如孩童般真诚。看马拉多纳踢球，你看到的是一个有血有肉的真实球员，而不是教练战术盘上的棋子，你会体验到一种跳脱生活囚笼的释放感。

马拉多纳对足球的热爱，也是对国家的热爱。1986年，他为阿根廷捧回世界杯奖杯的儿时梦想终于在墨西哥之夏以最出人意料、最振奋人心的方式得以实现，他兑现了当初的诺言："如果这是马拉多纳的世界杯，那一定也是属于阿根廷的世界杯。"

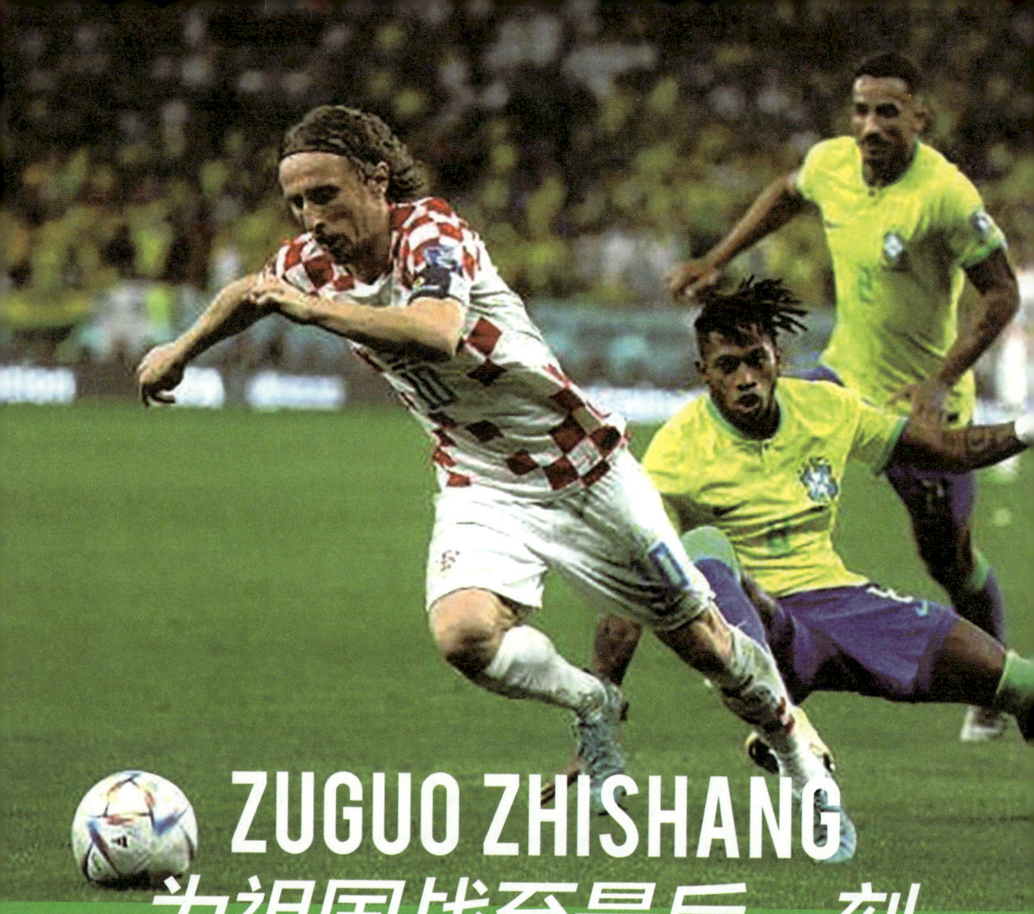

ZUGUO ZHISHANG
为祖国战至最后一刻

"跑不死"的队长莫德里奇

　　莫德里奇的足球是无私的,是奉献的,一次简单的中场传递便能使莫德里奇感到快乐。作为克罗地亚国家队的队长,莫德里奇凭借自己的足球智慧和不知疲倦的奔跑、拼搏,书写了足以流传后世的伟大足球篇章。"为祖国战至最后一刻",是信仰,更是力量,这将成为克罗地亚队不竭的动力源泉。

"传奇"是2022年卡塔尔世界杯赛后,世界杯官方向老将莫德里奇(Luka Modrić)的致敬。最后一舞,传奇加身,这源于莫德里奇"为祖国战至最后一刻"的信念。

2022年卡塔尔世界杯的一场半决赛备受世人关注,由莫德里奇领衔的克罗地亚队对阵梅西率领的阿根廷队,这场比赛让人们记住了梅西的神奇过人,莫德里奇则黯然神伤地被换下场。这是两位"10号"的对决,尽管最终梅西获得胜利,但莫德里奇与梅西为观众献上了"大师"与"精灵"共奏的协奏曲,赛后双方和谐互动的场面更是让人动容。莫德里奇与梅西,两位仅相差两岁的"10号",足球职业生涯的时间线高度重合,虽然梅西的受欢迎程度和曝光度远高于莫德里奇,但除了世界杯冠军,莫德里奇几乎得遍了梅西得过的所有荣誉。

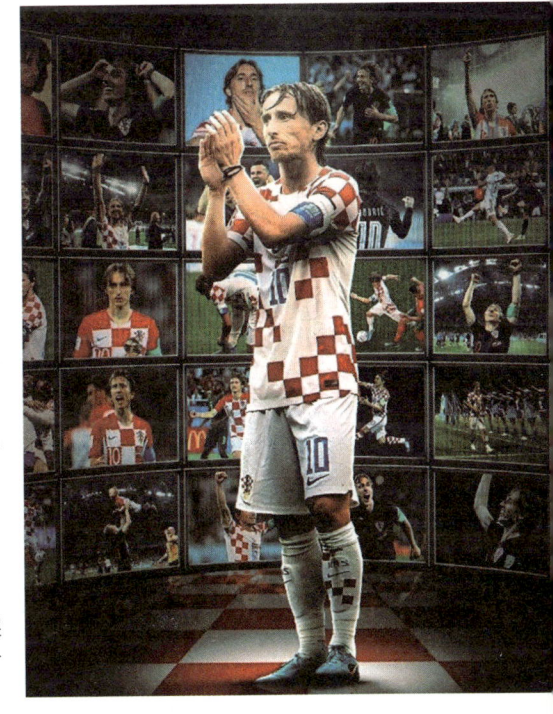

2022年世界杯赛后,世界杯官推展示出一张莫德里奇的图片,配文仅一个词:传奇

虽然与大力神杯擦肩而过，但对莫德里奇和克罗地亚而言，能够进入世界杯决赛，已算历史性的胜利。"打进世界杯决赛是我做过的最棒的事情，这是足以伴随我一生的荣耀，任何词语都表达不出那种感受，我很骄傲能走到这里。"

莫德里奇带领克罗地亚队一路走来，充满了无限的艰辛和曲折。2006年，莫德里奇便开始跟随克罗地亚队在国际足坛征战。但现实是残酷的，2006—2016年的十年时间里，克罗地亚队经常遭遇小组赛出局的残酷命运，最好的成绩是在2008年欧洲杯闯入八强。面对一次次令人失望的成绩，莫德里奇陷入了深深的自我怀疑，甚至于2016年考虑过退出国家队。最终，莫德里奇扛住了压力，继续坚持在赛场上奔跑，才有了之后属于自己的、属于新一代克罗地亚人的光辉荣耀。

莫德里奇的足球是艺术，是天赋和技术的融合。当今足坛日益注重身体对抗，莫德里奇却用"足球智慧"追求着足球的美感，为观众带来美妙的观赏性。但艺术也来自于日复一日、坚持不懈的训练，以及科学的方法和技巧。除了足球俱乐部或国家队的日常训练，莫德里奇每天都会向自己的私人教练汇报身体状况，寻求进一步的恢复训练。更重要的是，家庭为莫德里奇提供了温馨的港湾，安静、温暖的家庭环境为莫德里奇带来精神和心灵上的极大抚慰。坚持训练、讲求科学、家人为伴，这些勤勉和温暖为赛场上"跑不死"的克罗地亚队长注入了强大动力。

有足球媒体人评论说2018年俄罗斯世界杯的观赏性是"一种完美的无聊"，即兴和创造性的进球淹没在套路化的定位球和头球战术中。但在这样沉闷的大环境中，克罗地亚队出人意料地闯入决赛，他们不依赖定位球，而是凭借强大的精神力量和顽强的斗志，为那届世界杯奉上了一场场赏心悦目的比赛，更获得了"加时赛之王"的美誉。从小组赛脱颖而出后，克罗地亚队每前

2018年世界杯上,进球后的莫德里奇

进一步,都要经历2个小时的生死对决(常规比赛90分钟和加时赛30分钟),以至于最后决赛前,克罗地亚队相当于比决赛对手多踢了一场比赛。莫德里奇便是这支"铁军"的精神领袖,面对连场加时赛,莫德里奇不知疲倦地满场飞奔,激励着队友积极拼抢、勇敢向前。尤其是与英格兰队的半决赛逆袭战,更是克罗地亚人意志力最生动的体现。在淘汰的边缘,克罗地亚人用坚持不懈的跑动和对抗,撕开了对手的防线,在加时赛上演了起死回生的壮举,让轻敌的英格兰人付出了沉重代价。这场比赛中,莫德里奇站在角旗旁,身体倚靠着广告牌,大口喘气来恢复体能的场景便是克罗地亚人顽强意志力的缩影。虽然他们最后在决赛中憾负法国队,但克罗地亚人在俄罗斯之夏迎来了巨大的爆发,取得了巨大的成功,球员们被克罗地亚人民视为骄傲。但再伟大的英雄,也是普通人的身躯,莫德里奇在2018年世界杯领奖台上也感慨道:"我只感到肾上腺素在血管里喷涌!"这是顽强拼搏后最直接的反应,喷涌的肾上腺素,便是克罗地亚人"永不满足，永不疲倦"最形象的诠释。

2022年，已经37岁的莫德里奇看上去老了很多，但在卡塔尔，他仍坚韧地奏响"不老魔笛"。赛前人们认为略显老迈的克罗地亚队很难复制上届世界杯的传奇故事，但克罗地亚人拥有着不屈的灵魂。虽然年近40岁，但莫德里奇依然热爱奔跑，特别是在加时赛奔跑。正当人们怀疑在与日本队的淘汰赛中被换下场的莫德里奇体能出现问题时，莫德里奇在接下来与劲旅巴西队的比赛中，硬是又踢满了120分钟，并且成功策划了克罗地亚人的绝地反击，又一次上演了逆境翻盘的大戏。莫德里奇曾在自传中袒露心声："只要我还可以，我就会为国家队战至最后一刻。"凭借为祖国战至最后一刻的精神和信念，莫德里奇带领年轻的队友们续写了"格子军团"的辉煌。

莫德里奇一家

ZUGUO ZHISHANG
召必应 战必胜

38岁米拉大叔临危受命创造历史

  古有廉颇，今有米拉。在足球领域，年少成名的故事每天都在发生，但38岁的米拉大叔应召出战，成为民族英雄的传奇却难以复制。年少时，他为了心中梦想，尝遍人间辛苦，不言放弃；成名后，他为了国家利益，挺身而出，义无反顾。穷则独善其身，达则兼济天下。米拉大叔深受球迷爱戴，不仅因为他拥有卓越的足球才华，更是被他胸怀祖国、心系非洲的博大情怀所折服。致敬米拉大叔！

谈到喀麦隆足球，人们首先想到的可能是前巴塞罗那队球星埃托奥（Samuel Eto'o Fils）。但在埃托奥之前还有一位对喀麦隆足球有着突出贡献的球员，他曾代表喀麦隆队两夺非洲杯冠军，并在38岁之际，临危受命重返国家队，带领球队打进世界杯八强，创造了喀麦隆足球的历史，他就是罗杰·米拉（Roger Milla）。

1952年5月20日，米拉出生在喀麦隆首都雅温得郊外的一个贫困家庭。他从小酷爱足球，但因无力承担培训费用而不能接受正规的足球训练，只能在街头踢"野球"。由于他的父亲是一名铁路工人，所以儿时的米拉常在轨道边光脚踢球。尽管这样，米拉出众的足球意识和个人技术还是吸引了一些职业足球俱乐部的关注。13岁时，米拉与喀麦隆最大的城市——杜阿拉的一支球队签约，开始接受正规的足球训练。18岁时，米拉跟随杜阿拉的另一支球队夺得了喀麦隆国内联赛冠军，这是他获得的第一个职业足球冠军，正式开启了他富有传奇色彩的职业足球生涯。

1976年，24岁的米拉转会到喀麦隆豪门雅温得霹雳足球俱乐部；同年，米拉荣膺非洲足球先生称号。为了通过足球改变家乡贫穷落后

笑容憨厚的米拉大叔

的现状，为祖国做出更大的贡献，米拉决定离开家乡去欧洲高水平足球联赛历练。于是，25岁时，米拉去了法国，开启了他的留洋之旅。

法国瓦朗谢纳足球俱乐部是米拉登陆欧洲的第一站，但初到法国的米拉明显"水土不服"，首个赛季出场28次，仅打入6球，表现堪称惨淡。这也是米拉足球生涯最艰难的时期，生活中没有朋友，足球场上得不到教练、队友的信任，经济方面也十分拮据，每月仅靠几百元的收入来承担自己的训练开支和家庭开销。1979年，米拉转会到法甲劲旅摩纳哥队，但受伤病困扰，表现欠佳。次年，他又转会到巴斯蒂亚队，表现依旧不尽如人意。但这一切丝毫没有动摇米拉坚定的信念，为了心中的梦想，再苦再累都要坚持！

1984年，转机出现了，米拉转会到了另外一支法甲俱乐部圣艾蒂安队，并在这支球队找到了自己的巅峰状态。这一个赛季，米拉共出场31次，打进22球，成为球队的进攻核心。这一年，32岁的米拉不仅在法国站稳了脚跟，而且还带领喀麦隆队夺得了非洲杯冠军。1986年，米拉加盟法乙俱乐部蒙彼利埃队，在加盟球队的第一个赛季就帮助球队夺得了法乙联赛的冠军，升入法甲联赛。1988年，米拉再次带领喀麦隆队夺得了非洲杯冠军。1989年，完成在蒙彼利埃

球场上正在突破的米拉

米拉在进球后激情表演非洲舞

队的赛季后,米拉选择结束自己的职业生涯。就当人们以为米拉传奇的足球生涯就此画上句号的时候,他又给人们带来了惊喜。

1990年,意大利世界杯如期而至,喀麦隆国家队虽然获得了世界杯决赛圈入场券,但球队羸弱的实力和低迷的状态让全国球迷高兴不起来,彼时人们不约而同地想到了已退役的米拉。于是,无数球迷纷纷向总统请愿,希望他能劝这位喀麦隆的足球英雄复出。于是总统给当时已经38岁的米拉打了电话,希望他能再次代表国家队出战世界杯。接到电话的米拉如同接到召唤的战士,没有丝毫犹豫,第一时间到国家队报到,火线复出。

米拉再一次身披国家队战袍踏上了世界杯的征程。有了老将的坐镇,球队士气大振,在小组赛的第一场比赛中就以1:0的比分击败了马拉多纳领衔的卫冕冠军阿根廷队,惊艳世界。在第二场对阵罗马尼亚队的比赛中,米拉在第58分钟替补登场,左右脚开弓,帮助球队以2:1的比分战胜对手,提前一轮晋级16强。该场比赛中,米拉在打进第一粒球后,跑到角球区表演的非洲舞更是成为无数人模仿的标志性动作。淘汰赛首轮,喀麦隆队遭遇南美劲旅哥伦比亚队,米拉还是替补登场,还是连进两球,尤其是在本场比赛加时赛中,他从哥伦比亚队"疯子"门将伊基塔脚下断球后单刀打进空门的进球,更是成为世界杯的经典进球之一，至今依然时常被人提起。虽然在1/4决赛中，喀麦隆队以2∶3惜败给英格兰队，但非洲球队历史性地打入世界杯八强，已经让无数球迷为之疯狂。38岁的米拉在这届世界杯的5场比赛中打进了4球，成为这届世界杯的一大亮点，"米拉大叔"的称号就此诞生，响彻全球。米拉也凭借其优异的表现，入选了这届世界杯的全明星队。

回国后的米拉大叔成了喀麦隆的民族英雄，受到喀麦隆球迷的疯狂追捧，喀麦隆总统比亚还特别授予米拉"勇敢骑士团指挥官"的称号。不仅如此，由于喀麦隆队在世界杯的优异表现，国际足联还决定给非洲地区增加世界杯参赛名额。这位本已经退役的老将，不仅创造了喀麦隆国家队的历史，而且还造福了整个非洲足坛，并又一次荣膺非洲足球先生称号。1994年，已42岁的米拉再次代表喀麦隆国家队参加了美国世界杯，可惜球队整体实力不济，小组赛惨遭淘汰。但米拉在对阵俄罗斯队的比赛中打进一球，打破了他自己之前创下的世界杯最年长进球者纪录。

至此，这位传奇球星的足球生涯正式落下帷幕，开启了另一段精彩人生。退役后的米拉富可敌国，他心系贫困儿童，积极参与各种公益活动，用自己的影响力帮助非洲贫困儿童实现梦想，被人们称为"利他主义者"。同时，米拉大叔还是非洲问题巡回大使，奔走于国际舞台，为非洲的繁荣富强贡献自己的力量。

ZUGUO ZHISHANG
足球世界的永恒印记

球王贝利的传奇生涯

作为一名球员,贝利对现代足球运动的贡献在当今足坛可谓无人能及,他在球场上的足球技巧和球场下的个人魅力,都远超同时代的球员。在那个足球运动正处于新旧交替的时代,他让足球跨越国界、民族和信仰,点亮了全世界球迷心中共通的情感火花,让足球传遍全球。贝利赋予足球新的内涵,重新定义了足球,他所倡导的足球精神也将激励一代代热爱足球的人们前行!

2022年12月29日,球王贝利因结肠癌导致多器官功能衰竭与世长辞,享年82岁,足球世界的一颗巨星就此陨落。这位来自巴西的全球超级巨星是世界足坛最知名的人物之一,他的职业生涯已成为足球世界的永恒记忆,他的励志故事激励了一代又一代热爱足球运动的青年人。

贝利的全名是埃德松·阿兰特斯·多·纳西门托(Édson Arantes do Nascimento),贝利是他的别名。贝利1940年10月23日出生于巴西的特雷斯科拉松伊斯,场上司职前锋、前腰。从1956年16岁的贝利在国内著名的足球俱乐部桑托斯队开始他的职业足球生涯,至1977年37岁的他从美国的纽约宇宙队正式退役,贝利在22年的职业足球生涯中,代表巴西国家队及其效力过的两家足球俱乐部——桑托斯队(1956—1974)和纽约宇宙队

足联官网发文悼念贝利

（1975—1977）参加了1366场正式比赛，收获了1283个进球。22年间，贝利帮助桑托斯队获得了2次南美解放者杯冠军、2次洲际杯冠军、6次巴西全国锦标赛冠军、11次圣保罗州足球甲级联赛冠军，并在其职业生涯晚期帮助纽约宇宙队获得了1977年的北美足球联盟总冠军。更难能可贵的是，贝利帮助巴西队夺得了1958年、1962年和1970年三届世界杯冠军，为巴西队永久保留了雷米特杯，他也成为目前唯一一位三次夺得世界杯冠军的球员。遗憾的是，已经被巴西永久保留的雷米特杯于1983年在里约热内卢被偷，至今仍然下落不明。

在国家队和足球俱乐部的优异表现也让贝利在役时揽获了诸多个人荣誉，成为当时国际足坛最耀眼的球星之一，贝利可谓那个时代足球的代名词。贝利在退役后依然星光熠熠：1987年获得国际足联金质勋章；1999年被国际奥运委员会评为"世纪最佳运动员"，同年还被国际体育记者协会评为"20世纪最佳运动员"；

青年时代的贝利

贝利领衔的桑托斯队

2000年荣获劳伦斯终身成就奖和国际足联"20世纪最佳球员"称号；2004年被国际足联授予"FIFA百年最佳球员奖"；2011年成为最先入选国际足联名人堂的球星之一；2014年获得首届国际足联荣誉金球奖……荣誉等身、功成名就的球王因病逝世后受到了全世界球迷的悼念，也宣告了一个时代的终结。

球王贝利的一生，可以说是与足球相伴的一生。贝利出生在巴西的一个贫民家庭，父亲是一位没有名气的半职业足球运动员，收入微薄，因此，母亲不希望贝利踢球。但生长在巴西这样一个足球氛围浓厚的国度且从小受父亲熏陶，贝利从小就表现出了对足球的热爱。在他眼中，父亲就是世界上最好的球员，贝利将其视为偶像，希望自己将来也能成为像父亲一样的足球运动员。贝利10岁时就与小伙伴们组建了"9月7日街道俱乐部"，他们常常光脚在坑洼不平的街道上踢球,平时还会在街头给人擦皮鞋挣钱以贴补家用。贝利个头不高,但他的球技却是球队中最好的,经常能在街头比赛中打进 10 个以上进球。贝利 11 岁时,他在一次街头比赛中带球连过 8 人后轻松破门的一幕,恰好被路过的巴西前国脚瓦尔德马尔·德布里托看到,德布里托惊叹于贝利的足球天赋,并将贝利引荐到巴西圣保罗州的巴鲁竞技青年队。专业的训练和出众的天赋让贝利的球技突飞猛进,经过在巴鲁竞技青年队的三年锤炼,贝利已悄然成为多家职业足球俱乐部眼中的香饽饽。贝利 15 岁时,陆续有职业足球俱乐部找他签约,他最终选择了当时还默默无闻的桑托斯足球俱乐部,理由是离家近——母亲不放心自己去更远的地方踢球。

贝利在公益活动中与小球迷一起踢球

贝利不仅带领桑托斯俱乐部走上了当时世界足坛的巅峰,使原本籍籍无名的桑托斯队成了一支世界劲旅,还帮助巴西国家队创造了传奇,三夺世界杯桂冠并永久保留了雷米特杯。在贝利巅峰时期,尽管欧洲各大豪门都向他伸出过橄榄枝,但是贝利和桑托斯俱乐部都不为所动,时任巴西总统雅尼奥·奎德罗斯更是称贝利为"不可出口的国宝"。就这样,贝利将其职业生涯的黄金时期全部奉献给了桑托斯俱乐部和巴西国家队。虽然贝利长期效力于国内俱乐部,但其在全世界范围内拥有巨大的影响力,贝利随队出国比赛时,所到之处尽是他的拥趸,各国球迷都想一睹球王的风采。世界足坛20世纪50—70年代是属于贝利的时代。

贝利的伟大不仅仅因其助力桑托斯队成为世界劲旅,帮助巴西队三夺世界杯冠军。永久保留雷米特杯的个人成就;也不仅仅因其在那个"野蛮"的足球时代成为球场上被对手特殊"照顾"的对象,饱受对方球员的"摧残"后催生了足球规则的变革——红黄牌和换人制度相继出台,足球运动逐渐从粗暴走向文明规范;更在于他让足球有了更加深刻的价值和意义,给全世界喜爱足球的人们带去了希望和梦想。

贝利退役后以联合国亲善大使、国际足联推广大使等身份在世界各地发起或出席了诸多公益活动,为众多慈善机构和组织提供过支持,帮助贫苦的孩子通过足球重燃对生活的热爱。因贝利形成的足球热潮,让足球运动和文化传遍世界更多角落。可以说,贝利重新定义了足球。贝利的传奇是时代造就的,同时贝利也引领了他的时代,正因如此,他的传奇才格外伟大。

ZUGUO ZHISHANG
舍弃优渥生活
投身祖国建设

"球星总统"乔治·维阿的大义与担当

乔治·维阿作为一位足球巨星,原本可以在退役后凭借其个人财富和名声留在欧洲享受奢逸生活,但他毫不犹豫地放弃了享受人生的权利,并做出了异乎寻常的选择——他一头扎进荆棘丛生的国内政坛,希望通过当选本国总统来改变利比里亚千疮百孔、贫穷落后的现状,造福于民,并为此艰辛努力了十余年。由此可见,这并非他一时兴起的决定,而是他出于对祖国和人民的忠诚与热爱,心甘情愿倾注自己的心血想为国家创造美好的未来。这种祖国至上、为国尽瘁的大义和担当,体现了他极其可贵的品质和情怀,值得我们每一个普通人敬仰和学习。

  足球之于非洲,是一种独特的存在。足球不仅能自然地与非洲人热情奔放、张扬好动的天性融为一体,让他们在艰辛的现实生活中享受一丝纯粹的快乐,还能改变他们的命运,给非洲大陆上身处困境的人们带去希望和寄托。因此,在天生热爱和生存压力双重因素影响下,非洲大陆球星辈出。他们凭借一己之力让整个家庭在非洲过上了富足的生活,那些效力于欧洲五大足球联赛的球星,更是有机会在退役后携家人到欧洲享受优渥生活。不过,有一位曾在职业生涯中叱咤风云、闻名世界足坛的非洲巨星,却在自己功成身退后毅然决然地舍弃了在欧洲过优渥生活的机会,转而投身政坛,立志要为改善饱受战乱与疾病困扰的国人的生活而鞠躬尽瘁,他就是2017年成功当选利比里亚总统的球星乔治·维阿(George Weah)。这位"球星总统"投身祖国建设事业的大义与担当堪称世界足坛的典范!

  1966年10月1日,乔治·维阿出生于利比里亚首都蒙罗维亚附近的一个小镇,父母在他幼年时就离异了,因此他从小和奶奶在一起生活。利比里亚是非洲最贫穷落后的国家之一,饱受战乱和疾病之苦,国民长期生活在水深火热之中,维阿在这样艰难的环境中度过了自己的孩童时期,并坚持读完了初中。尽管生活艰辛,但维阿从小就有足球的陪伴,他在精神上是富足的。父亲也时常指导维阿踢球,天赋出众的维阿少年时就已经在当地同龄人中崭露头角了。

  1980年,14岁的维阿在街头踢球时被一位球探发现,在这位球探的引荐下,维阿进入利比里亚让·苏维沃足球俱乐部,开启了他的职业生涯。维阿在利比里亚、科特迪瓦和喀麦隆的多家职业足球俱乐部接受了几年正规训练,球技精进,逐渐成长为一名优秀球员,并得到了欧洲足球俱乐部的关注。1988年,22岁的维阿收到了法甲劲旅摩纳哥足球俱乐部抛来的橄榄枝,成功登陆欧洲联赛。加盟摩纳哥足球俱乐部后,他得到了时任主教练、世界名帅温格的器重和悉心指导,为他此后职业生涯的进一步发展打下了坚实基础。维阿在摩纳哥足球俱乐部效力的四个赛季中,帮助球队夺得过1次法国杯冠军和1次欧洲优胜者杯亚军。1992年,维阿以其在联赛中的优异表现被法甲豪门巴黎圣日耳曼足球俱乐部以500万美元的高价招致麾下,并在此后三个赛季中帮助球队夺得1次法甲联赛冠军和2次法国杯冠军。1995年,状态火热的维阿转会到当时被誉为世界最强足球俱乐部之一的AC米兰,登陆彼时的世界第一联赛——有"小世界杯"之称的意大利足球甲级联赛,他进入了职业生涯的巅峰期。维阿在AC米兰效力五个赛季,帮助球队夺得2次意甲联赛冠军,并在1995年个人包揽了该年度的世界足球先生、金球奖和非洲足球先生3项殊荣,成为前无古人的非洲传奇球

赛场上的维阿和罗纳尔多

星，被非洲足坛称为"乔治王"。2000年，34岁的维阿离开了AC米兰，短暂辗转于切尔西、曼城、马赛、阿尔贾兹拉（阿联酋）等足球俱乐部。2003年，维阿正式退役。

尽管维阿在欧洲几大足球俱乐部取得的成就无比辉煌，但他始终心系国家荣誉。由于利比里亚贫穷落后，该国足协经常入不敷出，利比里亚国家队也是势单

举起金球奖杯的维阿

力薄，在非洲足坛都难有一席之地。为了帮助国家队出现在洲际乃至世界杯的赛场上，维阿自从1988年入选国家队后，多次个人出资承担了国家队参加各类比赛期间的训练、食宿、机票等费用，先后共计花费200多万美元，并在其个人职业生涯的后期，兼任国家队队长、主教练、财务主管和新闻发言人等多个职务。遗憾的是，即使维阿使出了浑身解数并倾囊相助，整体实力孱弱的利比里亚国家队还是难有作为，至今未进入过世界杯决赛圈，甚至连非洲杯的淘汰赛都没有打过，这也算是维阿足球生涯中的一大遗憾。其实，早年拥有法国护照的维阿以其实力完全有机会加入法国队实现自己的世界杯之梦，但忠诚于祖国的维阿从未动摇过代表利比里亚国家队的决心。

维阿逐渐明白，一个社会动荡、人民困苦的国家，怎么可能打造出一支强劲的国家队呢？于是，他在退役后淡出了足坛，积

维阿与南非前总统曼德拉

极投身于国内的政治和民生事业。早在1996年被时任南非总统曼德拉接见后,维阿的心中就已经萌生了参政的种子。曼德拉接见维阿时称赞他是"非洲的骄傲",还鼓励维阿参政。曼德拉劝告他:"服务国家的最好方式是当上总统,然后再鞠躬尽瘁,从而更大范围地为利比里亚人民谋福利。"于是,维阿退役后义无反顾地回到利比里亚,创立了"民主变革大会党",2005年冒着被暗杀的风险参加了利比里亚内战结束后举行的首次总统选举。他曾说:"就非洲政治而言,任何一个竞选最高职位的人都面临危险。生活就是一种冒险,我正在为我的人民冒险。"但既没有从政经验又没有良好教育背景的维阿,最终输给了拥有哈佛大学公共管理硕士学位和世界银行工作经历的竞选对手埃伦·约翰逊-瑟利夫(Ellen Johnson-Sirleaf)。竞选失利的维阿依然心系国家,为了保证利比里亚的安宁,他呼吁支持者:"蒙罗维亚的街道不属于暴徒！为了和平，不要上街闹事。"当选总统的瑟利夫也欢迎维阿加入她的政府。比起利比里亚之前那些因为争权夺利而刀枪相向的军阀，瑟利夫和维阿给国人做了个好榜样。

首次竞选失败并未让维阿气馁，他决定在参政的同时刻苦学习，找回自己因为踢球而错过的东西。2007年，41岁的维阿获得高中文凭。2011年，他获得美国德锐大学企业管理学士学位，两年后又获得了该校的公共管理硕士学位。取得硕士学位、戴上眼镜的维阿已然一副干练十足的政治家形象，这时的维阿已非初入政坛时的"吴下阿蒙"了。"我想让人们知道，学习永远不会太晚，所有人都要怀有希望。"维阿说。2014年，维阿在参议员选举中击败总统瑟利夫的儿子罗伯特·瑟利夫，赢得蒙特塞拉多洲参议员席位，进入利比里亚议会，为三年后竞选总统打下了基础。2017年，维阿再次参选总统，已有多年从政经验且学识傍身的维阿成功当选利比里亚共和国第25任总统，实现了从绿茵场到总统府的跨越。英国路透社在维阿当选总统后评论说："乔治·维阿的当选，是这个当年由被解放的美洲黑奴组建的国家70多年来第一次历经民主转型。"

带着反腐败、改革教育与医疗体系、改善国内基础设施水平以及创造更多就业岗位等承诺挑起总统重担的维阿，面对的是一个百废待兴的利比里亚：连年的内战造成20多万人丧生、上百万人流离失所；内战平息后又遭受了埃博拉病毒的肆虐，数千人的生命被夺走。贫穷和疾病，这两项人类社会面临的巨大挑战折磨着利比里亚人民。立志挽救自己的祖国和人民于水火之中的维阿必将肩负更大责任和使命，正如维阿所说："我在欧洲踢球，本可以腰缠万贯地留在那里，但为了从苦难中拯救祖国的人民，我回到了利比里亚。"衷心祝愿"球星总统"乔治·维阿能带领他的祖国和人民走上繁荣昌盛的康庄大道。

ZUGUO ZHISHANG
年薪过亿却用着碎屏手机

非洲巨星马内的抠门与慷慨

  心怀家国才是人生的主旋律！马内这个出身贫寒的穷小子因为足球而名扬世界，功成名就的他没有追求个人的逍遥自在，而是心系家乡的民生福祉和社会慈善公益，长年默默为家乡做出贡献。这样一位来自非洲的偶像可谓足坛楷模，他以自己的实际行动践行着"达则兼济天下"的家国情怀，使足球这项世界第一运动的价值得到升华，让绿茵精神的内涵更加深刻。

萨迪奥·马内（Sadio Mane），这位来自塞内加尔的巨星可谓世界足坛近年来最炙手可热的非洲球员之一。从2012年1月14日身披法国梅斯足球俱乐部战袍，在法乙联赛中替补登场开启自己的职业生涯首秀，到2022年6月加盟德甲豪门拜仁慕尼黑足球俱乐部的十年间，马内从一个初出茅庐的"土娃娃"一跃成为一名享誉世界的超级前锋。实力超群的他在效力英超劲旅利物浦队时被赞为利物浦的"大腿"，我国著名足球解说员詹俊更是生动地称其为"火燎的金刚，烟熏的太岁"。但就是这样一位身价高达3000多万欧元的足坛新贵，却对自己抠门至极，在很长一段时间里都用着碎屏手机，直到队友送了他一部新手机才将碎屏手机换掉。这位足坛亿万富翁的钱都花到哪儿了？

这得从2022年10月马内获得的一个特殊奖项说起。2022年，《法国足球》金球奖新增了一个奖项——苏格拉底奖，旨在表彰对社会和慈善活动做出杰出贡献的球员。马内是苏格拉底奖设立后的首

拿着碎屏手机的马内

位获奖者,他获此殊荣,是世界足坛对他成名后持续为祖国塞内加尔的慈善公益事业做出杰出贡献的肯定和褒奖。在苏格拉底奖的颁奖典礼上,马内发表获奖感言时说道:"我对自己正在做的事情感到高兴,我希望能够帮助到我的祖国塞内加尔的人民,让他们过得更好一些。"据统计,近年来马内每年在家乡建设和慈善事业中的投入超过 1500 万英镑,超过他年收入的一半,这在世界足坛都是独一无二的。马内这样做的原因和他的成长经历密切相关。2022 年 7 月,第二次荣膺非洲足球先生称号的马内在领奖台上就曾吐露过自己的心声:"我知道吃不饱穿不暖的感受,也曾因为穿着露脚趾的球鞋遭人嘲笑和欺负。可我永远不会忘记村民们凑钱送我去踢球的日子。如今我成了球员,所以我要帮助他们。"

与很多非洲球员的星路历程相似,马内也是一个从贫穷家庭走出来的巨星,而且他的经历更加艰辛和悲惨。1992 年 4 月 10 日,马内出生于塞内加尔南部塞久区班巴利村的一个穆斯林家庭。不少塞内加尔人都没听说过塞久区这个地方,更不用说

马内获首届苏格拉底奖

班巴利这个位于塞久区南部的边陲偏隅了。他父亲是当地伊斯兰教的伊玛目（清真寺内率领穆斯林群众举行拜功的领拜师），平时做一些宗教工作，家里的主要经济收入由父母务农所得，因此他们一家的生活相当拮据。马内 7 岁时，他的父亲得了重病，当地医疗条件极为落后，一所正规的医院都没有，所以他的父亲因无法得到及时有效的救治而去世了。父亲的离世对原本贫困的十口之家来说更是雪上加霜，尽管母亲拼尽全力养家，但她根本无法担负起他们的生活，因此，父亲离世后马内就交由他的叔叔抚养。

马内的家人希望他像父亲一样在务农与宗教事务中了此一生，不过喜欢足球的马内认为，自己的未来在球场上。家里没有钱供他读书，少年马内有许多时间和小伙伴们一起踢球，买不起足球的他们平时踢的是没有成熟的西柚。马内曾回忆道："因为西柚比较大，当它还是青色没有成熟的时候，踢起来不容易裂开。"就这样踢了几年，马内的球技在当地已首屈一指。一个曾在首都达喀尔闯荡过的大人告诉马内他有一个朋友在达喀尔的一支球队工作，并推荐马内去那支球队接受专业训练。不过马内知道，母亲和叔叔根本不会同意自己去 400 公里外的达喀尔踢球，于是马内攥着私下借来的钱，背着他们悄悄地踏上了前往达喀尔的班车。

到达喀尔后，马内借住在一个朋友安排的住处，并进入村里大人介绍的那支球队训练。但很快马内的母亲就打听到了马内的去向，她和马内的叔叔一起来达喀尔找马内，经过两周的搜寻，他们找到了马内并把他"抓"了回去。马内将这一天描述为"生命中最糟糕的一天"，他说那时他甚至有点儿"憎恨"自己的家人。不过幸运的是，回去一年后，在马内的坚持和争取下，他的家人最终同意他去达喀尔追寻自己的足球梦，而且还变卖了收获的农产品为他筹钱在达喀尔租房，村里人也都或多或少给他凑了些钱，以帮他完成心愿。于是在2007年，15岁的马内带着"全村的希望"，穿着一双破旧的球鞋再次来到达喀尔，并在当地的著名足校——世代足球学院试训。试训时他寒酸的行头引来众人的嘲笑，足校的教练嘲讽地笑道："你穿成这个样子怎么踢球？"但马内仅用15分钟时间就以过人的表现征服了他们，并成功留在足校开始接受专业的足球训练。

2011年，19岁的马内被法国梅斯足球俱乐部的球探发现，并被带到了法国。2016年，马内加盟英超劲旅利物浦队后更是进入了职业生涯的高光时期。在利物浦队效力的六年间，他共为利物浦队出战269场，打进120球，助攻48次，帮助球队赢得了1次欧冠冠军、1次英超冠军、1次欧洲超级杯冠军、1次世俱杯冠军、1次足总杯冠军、1次联赛杯冠军；马内个人也在此期间收获了非洲足球先生、英超最佳射手等众多荣誉。另外，在2021年，马内还帮助塞内加尔队首夺非洲杯冠军。他所取得的成就已经足以让其载入非洲足球史册。

足球成就了马内，让曾经食不果腹、衣不蔽体的穷小子如今荣誉傍身、身价飙升。但成名后的马内并没有过起一掷千金的奢靡生活，而是依旧俭朴平淡，因为他还心系家乡。他说："我不需要10辆法拉利、20块钻石手表，更用不着2架私人飞机，这些东西能给我或者世界带来什么改变？但我知道在我贫穷的家乡，还有许多人在忍受着饥饿，有许多孩子没有钱去上学。感恩足球，让我拥有今天的一切，我愿意拿出钱来建学校，给穷人提供吃穿。"

为了帮助家乡2000户村民摆脱贫困，马内给每户家庭提供每月70欧元的补助。为了激励家乡的孩子们勤奋读书，他在家乡的班巴利高中设立每人400欧元的奖学金用以奖励成绩优秀的学生。为了改善家乡的教育条件，他出资25万欧元捐建了一所学校,并给学校配备了电脑和4G网络。为了改善家乡的医疗条件,他投入45万欧元修建了一家医院,可以为周边地区的34个村庄提供医疗服务,医院还专门提供产妇护理,以保障当地妇女的分娩安全;在新冠疫情期间,

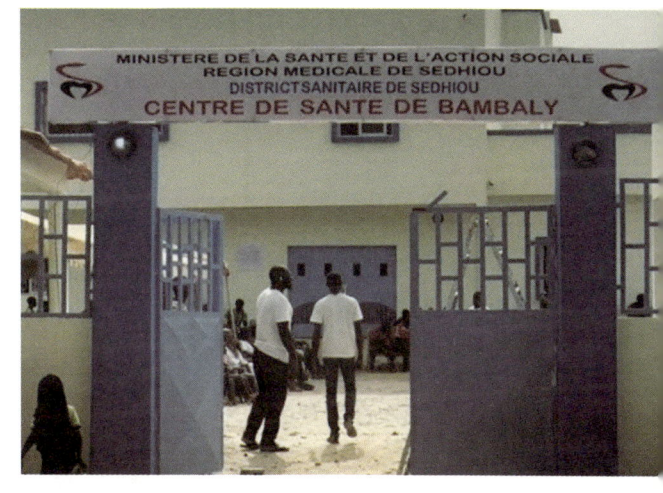

马内在班巴利投资兴建的医院

他还捐赠了4.1万欧元以帮助塞内加尔抗击疫情。为了成就像自己一样心怀足球梦的青少年,他在家乡修建了一座体育场,并为村里每个孩子免费发放了运动服。此外,他还在班巴利捐建了加油站和邮局,为家乡带来了全新的发展机遇。

尽管心怀家国的马内为改变家乡的面貌和村民的生活做出了巨大的贡献,但他却从不宣扬自己的善举。2018年4月,英国《每日电讯报》得知马内在家乡捐建学校的消息后想采访马内,被他直接拒绝了,他说:"我不想公开这件事。"这就是马内,一个为人朴实、心怀感恩、处事低调、乐善好施的好人,一个值得世人尊敬的足球巨星!

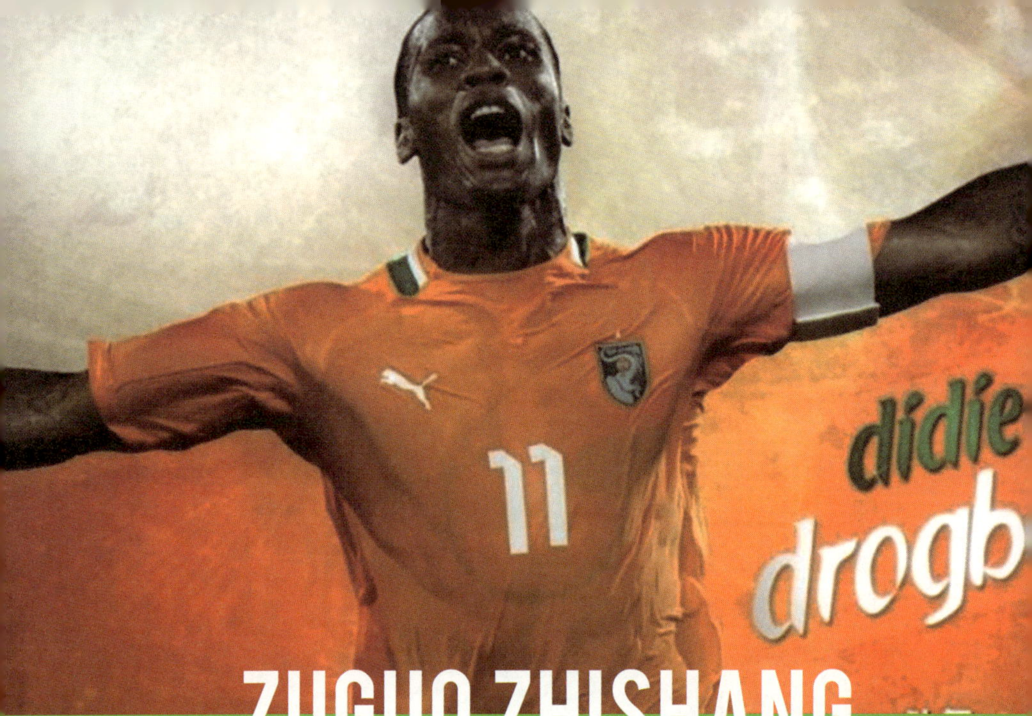

ZUGUO ZHISHANG
用足球平息内战
为祖国带来和平

科特迪瓦的民族英雄德罗巴

> 拳拳赤子心，悠悠爱国情。古往今来，不同国籍、不同信仰、不同种族、不同肤色的人们对于祖国母亲的感情都是相同的，海外游子永远心向祖国！在事关国家利益、祖国安危的紧要时刻，以德罗巴为代表的仁人志士深明大义，心系祖国，谱写了一篇篇可歌可泣、永载史册的生命赞歌！

科特迪瓦地处非洲西部，与加纳、利比里亚、几内亚、马里和布基纳法索相邻，曾经是西非最富裕的国家，被世人称为"西非明珠"。但自从20世纪80年代开始，科特迪瓦就一直处于动乱状态，国内发展不容乐观。即使在这样的环境下，科特迪瓦还是培养出了一批足坛巨星，比如曼彻斯特城队曾经的中场核心、被誉为现代中场模板的"八边形战士"亚亚·图雷（Yaya Touré）；现效力于巴塞罗那队的中场硬汉、AC米兰队曾经的队长弗兰克·凯西（Frank Kessié）。但如果要说科特迪瓦迄今为止最伟大的球员，那非迪迪埃·德罗巴（Didier Drogba）莫属。德罗巴拥有极其辉煌的职业足球生涯，共获得2次英超最佳射手、4次英超冠军、1次欧冠冠军，2006年、2009年两次荣膺非洲足球先生称号，多次带领科特迪瓦国家队杀入世界杯。但这些荣誉仍不足以书写德罗巴伟大的人生历程，在足球之外，他让2300万科特迪瓦人从战火洗礼中收获了久违的和平。

1978年3月11日，德罗巴出生于科特迪瓦最大城市阿比让的一个中产家庭。他的父亲是一名金融工作者，母亲是一名打字员，所以德罗巴的童年并不像大多数非洲和南美球星那样艰难。但在1989年，科特迪瓦遭遇了严重的经济危机，德罗巴父母双双失业，家庭生活面临困难，父亲决定投靠在法国的弟弟戈巴。正是在叔叔戈巴的指引下，德罗巴与足球结缘。

1991年，13岁的德罗巴进入法国瓦纳业余足球俱乐部，开始了边读书边训练的生活。两年后，位于巴黎郊区的半职业足球

德罗巴赛后呼吁停止内战

俱乐部勒瓦卢瓦引进了身体条件出色的德罗巴。1999年，21岁的德罗巴签下了第一份职业合同，在法国开始了他的足球职业生涯。虽然德罗巴的足球生涯始于法国，但他无时无刻不在关注科特迪瓦的情况，希望有一天能够为祖国奉献自己的力量。而后来，德罗巴确实用自己的力量、用足球为科特迪瓦带去了和平的福祉，在科特迪瓦的历史上留下了浓墨重彩的一笔。这一切要从2005年的世界杯非洲区预选赛讲起。

2004年，科特迪瓦内部的大规模冲突已经结束，但在2005年，紧张局势再度升级，且在国家队出征世界杯非洲区预选赛前，国内动乱没有丝毫好转的迹象。前科特迪瓦国家队队员塞巴斯蒂安·纳霍尔回忆道："当时的情况很糟糕。我打电话给妹妹时，能听到她房子外面的枪声。家人在床下躲了四天，只有找食物的时候才出去。我每天早上醒来都很担心家人的安全。"2005年10月8日，科特迪瓦国家队在世界杯德国预选赛中造访苏丹。他们在德罗巴的带领下，在苏丹第二大城市乌姆杜尔曼的阿尔－梅里基体育场以3：1击败苏丹队，历史上第一次挺进世界杯决赛圈。当然,这只是奇迹的开端。在科特迪瓦国家队完成这一历史壮举后,在体育场狭小的更衣室里发生了更震撼人心的事情。按照惯例,德罗巴会在赛后在更衣室进行祈祷,但这次祈祷似乎有些与众不同,一台摄像机被抬入更衣室,镜头里,所有的科特迪瓦球员以德罗巴为中心,把胳膊搭在彼此的肩膀上。此时,手拿话筒的德罗巴说道:"我们国家正在遭受前所未有的灾难,恳请冲突双方互谅互让,为了国家利益和人民幸福,重新坐到谈判桌前,只要能够拿出诚意解决问题,我相信,一切都会好起来!"此时,科特迪瓦全体队员一起跪在摄像机镜头前进行祈祷。这段情真意切的视频在科特迪瓦引起了巨大的社会反响。据报道,当晚的科特迪瓦惊现了许久未见的团结与融洽,战乱中的人们彻夜

人们高举德罗巴的照片

狂欢直至次日清晨。随着视频的反复播放,其影响力越来越大,最终德罗巴的愿望变成现实,对峙双方最终走到谈判桌前并签署了停火协议。德罗巴用足球的方式为科特迪瓦的内战带来了暂时的和解,可谓足球史上一个令人动容的奇迹。

德罗巴的故事还远未结束。2007年初,德罗巴被评为2006年非洲足球先生,在颁奖仪式结束后,德罗巴主动找到了当时的科特迪瓦总统巴博,提出请求说:"希望您能以您的特殊身份,将下一场非洲国家杯预选赛安排在反叛军占领的布尔凯地区举行,这是不容错过的和解机会。"有科特迪瓦的官员听到这个消息之后表示,科特迪瓦的内战就像一个肿瘤,只有德罗巴才能够医治。

2007年7月,科特迪瓦队与马达加斯加队的比赛在布尔凯球场开赛。赛前,德罗巴独自拜会了反叛军首领索罗,并赠送对方一双绣有索罗名字的球鞋,还有一句期待语:为了和平而团结。最终科特迪瓦队以5∶0击败了马达加斯加队,国内的报纸不约而同地将头版留给了这场伟大的比赛。在比赛当天,200名政府军来到所谓"敌占区"的布尔凯,本意旨在监督本场比赛,这是内战爆发后政府军第一次来到叛军首都。然而当比赛开始后,他们与叛军以及2.5万名球迷一起为进球欢呼。后来,每当德罗巴谈起这场比赛时,他总是满含泪水,记忆犹新。

ZUGUO ZHISHANG
"一人一城"坚守米兰数十载

铁血后卫马尔蒂尼的赤胆忠魂

  终其一生,守望一城的马尔蒂尼在世界足坛无疑就是忠诚的代名词。他从10岁进入AC米兰青训营,到41岁退役,又在50岁时回归AC米兰,把一生中最美好的年华都奉献给了培育自己的俱乐部和米兰城,并将上承于其父的红黑基因,下传给了自己的后代,以最朴素的方式完美诠释了家国情怀的真意。这份情怀和坚守是一股永不衰竭的精神涌流,彰显了一个人从骨子里对家乡、对国家的认同,它会让一个人的精神有归属,生命有意义。

人生匆匆，青春易逝。人才辈出、互争雄长的世界足坛能有几人有幸实现从青涩新秀到功勋老将的华丽变身？在商业气息浓烈、转会交易频繁的当下，又能有几人可以"一人一城"终老于斯，为一支球队、一座城市、一众球迷燃尽青春与才华，成为这支球队、这座城市的符号和象征？"一人一城"从小处说，是一名球员对他的球队和城市从一而终、不离不舍、鞠躬尽瘁的个人忠诚；往大处讲，就是一名球员家国情怀最为朴素纯粹的真实写照。回首过往，曾为意大利国家队和AC米兰队双料队长的铁血后卫保罗·马尔蒂尼（Paolo Maldini）对米兰数十载的坚守，可歌可泣，令人敬佩。

1968年6月26日，马尔蒂尼出生于意大利米兰的一个绿茵家庭，其父塞萨尔·马尔蒂尼曾是20世纪中后期意大利足坛的一面旗帜。马尔蒂尼从小受父亲的熏陶，早早地就喜欢上了足球。由于老马尔蒂尼职业生涯的黄金期是在AC米兰足球俱乐部度过的，

初出茅庐的马尔蒂尼

对球队有很深的感情，并且马尔蒂尼也出生于米兰，因此马尔蒂尼10岁时，就被父亲送进了AC米兰青训营开始接受正规的足球训练。经过七年专业培养，马尔蒂尼成长为一名优秀的后卫并升入AC米兰一线队。1985年1月20日，在AC米兰队客场对阵乌迪内斯队的比赛中，年仅17岁的马尔蒂尼替补出场，完成了他的意甲联赛处子秀，"出道即巅峰"的马尔蒂尼从此开始了他连续25年效力AC米兰的传奇生涯。

1985年，在场上司职后卫的马尔蒂尼进入意甲联赛后进步飞快，逐渐成为球队的主力，与当时AC米兰队的另一位传奇队长弗朗哥·巴雷西（Franco Baresi）一起成为球队的后防中坚，构筑起了铜墙铁壁般的米兰防线。马尔蒂尼在俱乐部的优异表现，使其出道不足三年就被征召进意大利国家队。1988年3月31日，在意大利队客场对阵前南斯拉夫队的比赛中，马尔蒂尼完成了自己的国家队首秀。出道四年后，年仅21岁的马尔蒂尼被欧足联评为欧洲最佳新人，成为欧洲足坛的一颗新星。1994年美国世界杯结束后，26岁的马尔蒂尼以其在俱乐部和国家队的出色表现被英国杂志《世界足球》评选为世界足球先生，马尔蒂尼成为第一位获得该奖项的后卫球员。同年，他从退出国家队的巴雷西手中接过了意大利国家队的队长袖标。1997年巴雷西退役后，马尔蒂尼又从其手中接过AC米兰队的队长袖标，加冕国家队和俱乐部双料队长，成为蓝色军团和红黑军团新的精神领袖。2003年，欧足联鉴于马尔蒂尼十多年来对俱乐部的忠心耿耿和杰出的个人贡献，授予马尔蒂尼欧足联终身成就奖，这对于一名后卫队员来说极其不易。

2004年，36岁的马尔蒂尼宣布退出国家队，16年间他为国家队出战了126场比赛，期间共参加了4届世界杯决赛阶段的比赛和3届欧洲杯比赛，与队友们筑起了意大利队的钢铁防线，个

身披 3 号球衣的双料队长马尔蒂尼

人也多次入选世界杯和欧洲杯的最佳阵容,但遗憾的是,他始终没能帮助意大利队拿到世界杯和欧洲杯冠军。退出国家队后,马尔蒂尼将全部精力倾注于俱乐部的比赛,在职业生涯的最后五年仍然坐镇后防,鞠躬尽瘁,捍卫着球门前的每一寸草地。2009 年 5 月 31 日,马尔蒂尼踢完 2008—2009 年赛季意甲联赛最后一轮对阵佛罗伦萨的比赛后正式退役。

　　从 1985 年联赛首秀到 2009 年退役,马尔蒂尼在 AC 米兰效力的 25 年间,共出场 902 次,打进 32 球,帮助球队夺得 7 次意甲联赛冠军、5 次欧冠冠军和 5 次欧洲超级杯冠军等 26 个主要赛事的冠军奖杯。AC 米兰俱乐部为表彰和纪念马尔蒂尼在红黑军团 25 年来的出色表现和巨大贡献,已将其所穿的 3 号球衣退役封存。毫无疑问,他已成为"米兰之魂"。

　　马尔蒂尼在场上和场下的表现都堪称典范。在场上司职后卫的马尔蒂尼,始终牢记着球员时期也曾是一名优秀后卫的父亲老马尔蒂尼给予他的忠告：在场上要用脑子踢球而不是去踢伤对手。所以马尔蒂尼在场上的表现十分稳健，从来不会依靠粗野的犯规和手上的小动作来阻截对方前锋的进攻，而是凭借出色的技术、恰当的选位、准确的判断、合适的抢断时机做出有效的拦截。很多时候，他在还没有与对方前锋产生身体接触时就已经成功抢断了对方的球，算是得了老马尔蒂尼的真传；而且他在 25 年的职业生涯中，从来没有踢伤过一位对方前锋。他干净高效的防守动作让许多解说员都赞叹道："看马尔蒂尼的防守就像在欣赏艺术表演。"作为史上最佳防守球员之一，他还能在边路适时插上助攻，在关键时刻突破对手的防线，甚至亲自射门得分，可谓一名真正意义上的现代型后卫。

马尔蒂尼场下的表现更令人钦佩。在当今足坛，球员们往往通过频繁转会交易的方式来体现自身价值，马尔蒂尼却数十载坚守在圣西罗球场，在个人职业生涯巅峰时，没见他膨胀过，在 AC 米兰低落时，也没见他沮丧抱怨过。从始至终，他身上的战袍都未换色，AC 米兰的红黑色已与他的血液相融，使他成为 AC 米兰的忠诚卫士。国际足联曾经在其官网这样形容马尔蒂尼：在眩目而又充满商业气息的现代足球世界中，马尔蒂尼真称得上是一颗珍贵的宝石。当谈到所获荣誉时，马尔蒂尼表示："我最高兴的地方是，我所有的荣誉都是穿着同一件球衣获得的。"

红黑基因在马尔蒂尼家族的三代传承

更难能可贵的是,马尔蒂尼的二儿子丹尼尔·马尔蒂尼如今也披上了红黑军团的战袍,并在 2020 年 2 月 2 日意甲联赛 AC 米兰主场对阵维罗纳的比赛中替补登场,在 19 岁时完成了自己的意甲首秀。红黑间条衫在马尔蒂尼家族传承了祖孙三代,这样的家族在世界足球史中也是寥寥无几的,正如马尔蒂尼曾经所说:"我会为米兰奉献一生,并让我的儿子,儿子的儿子……我们家族的世世代代都像我们一样为米兰奋斗下去。"

2018 年 8 月,情系米兰的马尔蒂尼在退役近 10 年后回归红黑军团,进入 AC 米兰足球俱乐部的管理层担任技术总监,再次为球队发光发热。马尔蒂尼赤胆忠魂、"一人一城"的传奇还在继续!

ZUGUO ZHISHANG
国歌奏响 游子落泪

郑大世的家国情怀

中华民族有着悠久的历史，也同样遭受过苦难与羞辱。正是一代代热爱祖国的中华儿女抛头颅、洒热血，才换来如今的太平盛世。足球场上也是如此，爱国主义精神总是让人产生强烈的共鸣，给每一位优秀运动员以强大的精神力量，支撑着运动员努力拼搏、不断超越，在突破自我的同时也为自己的国家赢得荣誉。我们相信，在爱国主义精神的支撑引领下，中国足球事业必然能够再创辉煌。

  2010年南非世界杯是朝鲜历史上第二次晋级世界杯决赛圈，距离上次晋级1966年英格兰世界杯决赛圈已过去了44个年头。在朝鲜队首战对阵世界冠军巴西队的出场仪式中，随着朝鲜国歌的奏响，朝鲜球员郑大世情不自禁地留下了热泪，这一幕成为世界杯经典时刻之一。

  这场比赛并未创造以弱胜强的奇迹，但比赛过程并非毫无悬念。比赛的第30分钟，郑大世接到队友传球后带球打进巴西队禁区，被跟防的巴西队球员卢西奥拦截，皮球被踢出界外。随着巴西队后卫麦孔从近角破门成功，巴西队获得领先。不久后巴西队球员艾拉诺再次射门成功，比分扩大到2∶0。然而朝鲜队并未放弃，志尹南在比赛进行到第88分钟时攻破巴西队的球门，为朝鲜队赢得1分。这次破门得益于队长的长传和郑大世的头球助攻，这是朝鲜队重返世界杯赛场后的第一粒进球。虽然朝鲜队最终以1∶2不敌巴西队，但是朝鲜队血拼到底的钢铁意志赢得了全世界的尊重。据说比赛结束后，大批韩国球迷也聚集在街头、广场支持朝鲜队，甚至有人打出"郑大世不要哭"的横幅。

  郑大世并非朝鲜"举国体制"足球培养体系培养出来的球员。他1984年出生于日本爱知县，父母是韩国旅日侨胞，因此获得韩国国籍。郑大世的足球生涯也从日本开始，2006年大学毕业后，加入J1联赛川崎前锋队，先后经历亚洲足球联盟(AFC)冠军联赛、天皇杯、日本联赛杯等大赛的历练。虽然生在日本长在日本，但郑大世从小学到大学一直就读于日本朝鲜人总联合会下属学校，

郑大世泪洒 2010 年南非世界杯

所以他在内心深处将朝鲜视为自己的祖国。2007 年 6 月,郑大世加入朝鲜国家男子足球队,在球队中展露出不俗的实力。在世界杯预选赛朝鲜队对阵蒙古队的比赛中,郑大世打进 4 球;在迎战中国澳门队时,郑大世再次攻入 4 球,成为预选赛阶段的最佳射手。

  运动员泪洒赛场并不鲜见,他们或是出于对失误的懊悔,或是出于对冠军的渴望,或是出于对结果的欣慰,或是出于对淘汰的不甘,但郑大世的热泪盈眶更显坚毅和沉重。他不仅背负着自己作为运动员的荣誉与艰辛,更背负着一个游子对祖国最深切的爱。歌德说过:"我们为祖国服务,每个人应该按照资禀,各尽所能。"郑大世正是这一爱国格言的践行者,他凭借自己在足球方面的天赋和能力在赛场上奋力拼搏,为祖国争取荣誉,以实际行动将爱国精神体现得淋漓尽致。

郑大世泪洒世界杯赛场的场面，也唤起我们对于自己历史的回忆。刘长春——中国第一位参加奥运会的运动员——在1932年7月30日前往美国洛杉矶参加第10届奥运会。彼时的中国积贫积弱，刘长春的家乡辽宁在日本侵略者的铁蹄下沦陷。得知刘长春参加奥运会的消息后，日本侵略者企图迫使刘长春代表伪满洲国出征奥运会，被拒绝后便百般阻挠。与此同时，国民政府却以"经费不足"为由拒绝申请参加洛杉矶奥运会。在国家羸弱、列强环伺、当局不支持的情况下，刘长春克服重重困难，最终成功远渡重洋，单刀赴会，一个人代表世界上人口最多的国家——中国——参加奥运会。彼时的中国，在世人眼里是任人宰割的"东亚病夫"。刘长春突破艰难险阻，顶住压力与嘲笑，义无反顾地登上奥运会赛场，意在向世人展示中国人的风采。然而，由于路途颠沛、条件艰苦，他在短跑比赛中首轮就被淘汰出局。但是刘长春此次参赛的意义绝不能用比赛成绩来衡量，他的身上闪烁着中国人一脉相承的爱国主义精神。

郑大世在南非世界杯赛场的此时此刻，恰如刘长春在洛杉矶奥运会赛场的彼时彼刻。郑大世落泪的背后，是经济上屡受西方制裁、政治上被污名化为"流氓国家"的祖国，是饱受列强军事威胁、同胞生活贫苦、被踢出世界体系的祖国，是被西方新闻媒体不断妖魔化、被世人带着偏见与歧视看待的祖国。在强大的国

刘长春在洛杉矶奥运会赛场

度，体育竞技取得的荣誉或许只是锦上添花，但在忧患的国家，这荣誉却是雪中送炭。

作为体育精神的代表，奥林匹克新格言"更快、更高、更强、更团结"意味着人们对体育的理解更加注重团体与合作。而足球作为团队项目的代表，其内核就在于团队精神，在奋斗、拼搏、突破自我的同时，还需要团结、合作、齐心协力。拥有朝鲜与韩国双重国籍的郑大世，比谁都清楚这一事实，也比谁都对这一现状更加痛心。郑大世在接受日本媒体采访时说出自己在赛场上流泪的原因："朝鲜国歌给我注入了力量，让我想起仍处在分裂中的我的民族和国家，当听到'三千里锦绣江山如画，五千年悠久历史长'这句歌词时，我控制不住留下了眼泪。"

体育无国界，但运动员有国别。一直以来，"体育与政治无关"是每位运动员、体育工作者和体育爱好者坚守的原则。然而权力与偏见总是无孔不入，这也造成了慕尼黑惨案、米莎流泪等体育史上的不幸与悲剧。如今，这种情况仍然存在。2010年世界杯后，媒体谣传朝鲜足球队教练和队员输球后被送往煤矿当矿工，甚至还煞有介事地发起"拯救矿工郑大世"的活动。在一次节目采访中，韩国主持人戏谑地问郑大世朝鲜国家队比赛失利后，队员是否被发配煤矿当苦力，郑大世连忙郑重辟谣。由此可见，当今世界对朝鲜仍然充满恶意，对朝鲜的妖魔化还在进行，戴着有色眼镜看待朝鲜的观点仍然层出不穷。作为足球运动员，郑大世对祖国名誉的捍卫不仅停留在赛场，他还通过媒体等渠道纠正外界对朝鲜的刻板印象。

ZUGUO ZHISHANG
亚洲足坛不知疲惫的"千里马"

永不服输的朝鲜国家女子足球队

有国才有家,朝鲜女足为国而战,永不服输。朝鲜女足队员把对祖国的爱化作刻苦训练、顽强拼搏的强大动力,她们在一次次不遗余力的奔跑中挥洒着自己的青春和热血,用一座座奖杯诠释出对祖国母亲最真挚的感情!

  1989年在中国香港举办的第7届亚锦赛上,朝鲜女足首次亮相国际赛场。这之后,她们便在亚洲足坛一发不可收拾,1991年在第8届日本亚锦赛打入四强,1993年取得第9届马来西亚亚锦赛亚军,迅速成长为当时仅次于中国女足的一支亚洲女足劲旅。2001年第13届中国台湾亚锦赛半决赛中,她们3:1击败中国女足,随后又打败决赛对手获得该届亚锦赛冠军,从此朝鲜女足成为亚洲女足新贵。

  此后在2002年第14届釜山亚运会和2003年第14届泰国亚锦赛上,朝鲜女足连续力压中国女足获得亚洲冠军。虽在2004年第28届雅典奥运会预选赛亚洲区半决赛中以0:3爆冷完败给日本女足无缘奥运会,但在2006年第15届多哈亚运会和2008年第16届越南亚洲杯(女足亚锦赛于2006年改名为女足亚洲杯)上朝鲜女足再次夺冠,捍卫了其亚洲霸主的地位。2008年朝鲜女足首次参加奥运会,却在小组赛遭淘汰;2010年第17届中国亚洲杯决赛上不敌澳大利亚;同年的第16届广州亚运会决赛中又被日本队击败,从此将亚洲霸主的宝座拱手让于日本女足。

  2001—2010年,朝鲜女足5次参加亚洲杯,共获得冠军3次、亚军1次、季军1次;参加亚运会3次,获得冠军2次、亚军1次;并在2002年和2006年获亚运会女足两连冠,还在2007年晋级女足世界杯八强。十年荣光如过眼云烟,正如贺炜的经典解说——自古打天下难,守天下更难,没有人可以永远站在顶峰,即使你可以做到居安思危、未雨绸缪,但你身边全都是和你当年一样，充满野心、充满激情和充满渴望的年轻人，他们以你为标靶，你说守天下难不难？但有的人会被失败击垮，有的人却能够不断地爬起来继续向前。时间如潮水般涌逝，荣光也终将被历史铭记，但朝鲜女足艰苦奋斗为国而战的苦难辉煌不会停歇，2014年在第17届仁川亚运会女足决赛中，朝鲜女足以3：1力克日本女足再次夺回亚洲冠军。

朝鲜女足因拼抢凶狠、穿透力强、精神强大，被爱称为"千里马"。在朝鲜，"千里马"是至高无上的荣誉，象征着绝对的精神力量和最美好的祝福。

朝鲜女足历尽艰辛敢打敢拼。2016年，朝鲜女足获得第5届约旦U17女足世界杯冠军和第8届巴布亚新几内亚U20女足世界杯冠军。当被问及朝鲜女足为何能步入世界一流强队、领跑亚洲时，朝鲜足协副秘书长吴吉男表示："我们没什么秘诀，就是练得多。"这回答朴素、坚定而又庄严，朝鲜女足姑娘确实把所有的精力都集中在一次次的练习上。由于历史政治等原因，朝鲜女足相对封闭，国际上先进的技战术理论和打法不易传到朝鲜，训练条件更是异常艰苦，但朝鲜女足姑娘训练拼命是出了名的。根据《福克斯体育》的报道，在参加国际比赛期间，其他队伍还在吃早餐，朝鲜女足队员就早已出现在训练场

平壤国际足球学校的女足队员在日常训练

东亚杯上,朝鲜女足积极争抢

上,她们的训练时间甚至达到其他球队的两倍。

赛场上的朝鲜女足球风泼辣,凭借着出类拔萃的进攻能力,她们向世人展现出朝鲜运动员敢打敢拼、永不服输的战斗精神。1966年第8届英格兰世界杯小组赛,朝鲜男足击败意大利队并杀入八强,当年的意大利当家球星詹尼·里维拉这样评价:"输给朝鲜队,是我在国家队历史中最惨痛的回忆。至今仍有人问我当天到底发生了什么,我只能说,朝鲜球员的精神足够强大,他们配得上胜利。"相较于朝鲜男足,朝鲜女足精神意志之顽强更是有过之而无不及。

2016年里约奥运会预选赛第二轮比赛中,中国女足对战朝鲜女足,上半场朝鲜女足先得1分并始终保持领先优势,在比赛的最后时刻,中国女足点球得分,最终比赛1∶1战平。朝鲜女足队员掩面痛哭。不管是10年5冠,2014年仁川亚运会3∶1力克日本,2015年东亚杯夺冠,2016年两夺U17、U20女足世界杯冠军，还是每一次被对手击败，朝鲜女足姑娘都始终如一匹千里马一般不知疲惫地奔跑在绿茵场上！从1989年首次参加国际比赛到今天，30多年的时光里，朝鲜女足经历了大大小小百余次"战斗"，不论是成功还是失败，皆得到了对手的认可和敬重，在亚洲女足史上写下了浓墨重彩的光辉篇章。

团队合作

"团结就是力量,团结就是力量,这力量是铁,这力量是钢,比铁还硬,比钢还强……"

- 米歇尔斯与他的全攻全守战术理念
- 阿根廷队2022年卡塔尔世界杯夺冠记
- 克罗地亚队团队精神之写照
- 德意志战车永不屈服
- 欧洲杯上的冰岛奇迹
- 强韧的摩洛哥军团
- "红军"利物浦30年英超冠军征程
- "蓝狐军团"莱斯特城队英超冠军传奇
- 2007年亚洲杯冠军伊拉克男足
- 西汉姆联与厄普顿公园球场

TUANDUI HEZUO
团队永远比个体重要

米歇尔斯与他的全攻全守战术理念

全攻全守战术秉承的"没有人比团队合作更重要"的思想，使足球界对团队配合和战术革新的认识更深一步，推动了足球理念的变革。它的高位逼抢、传控打法等战术原则被传承下来，成为现代足球战术体系中的核心理念。可以说，全攻全守战术是足球精神的绝佳体现，它的辉煌历程不仅指引着一代又一代热爱足球的人们在足球战术与理念上继续探索创新，而且为所有足球人正确处理个体与集体的关系指明了方向。

足球运动是 11 个人参与的集体项目，其在"团队合作"方面的教育功能是个体项目所无法企及的。在英国圣乔治公园足球中心的墙壁上，静静地竖立着一块铭牌，向来自世界各地的人们传递着一个极其重要的理念：与个人单打独斗相比，作为团队的一员，你有更多的获胜机会。

全攻全守战术理念最早由英格兰名帅雷诺兹发明，荷兰名帅里努斯·米歇尔斯（Rinus Michels）师承雷诺兹，将全攻全守战术带到荷兰国家队并发扬光大，该战术理念被视为足球战术发展史上一次具有划时代意义的伟大变革。米歇尔斯十分重视球队的团队精神，他认为，在球场上不应该只关注最知名的球星。在米歇尔斯的战术体系中，每名球员都同样重要，个人的能力在紧密团结的集体中才能得以体现。作为全攻全守足球战术的传承人与推进者，米歇尔斯被尊称为"足球革命者"。1999 年，米歇尔斯被国际足联评为 20 世纪最伟大的教练；2002 年，米歇尔斯获得欧足联颁发的终身成就奖。

位于荷兰阿姆斯特丹的阿贾克斯是家喻户晓的足球俱乐部，也被

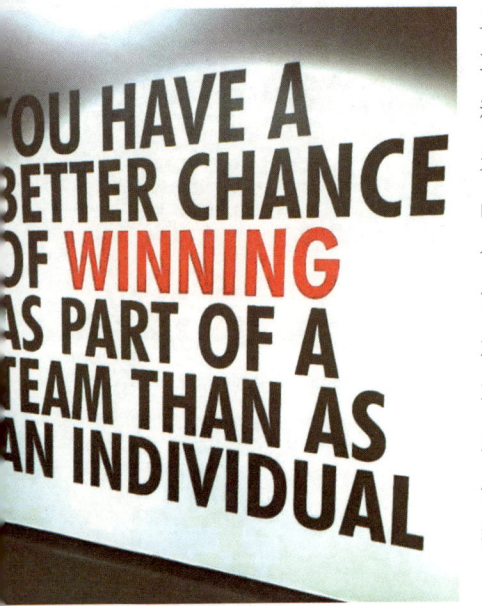

英国圣乔治公园足球中心的铭牌

誉为"球星加工厂"。1965年，米歇尔斯将全攻全守理念带到阿贾克斯队，他悉心指导球员，搭建足球训练体系，将大批年轻运动员培养成实力强劲的顶级球员。在他的战术理念指导下，1971—1973年，阿贾克斯队连续三年夺得欧洲冠军杯，迎来俱乐部历史上的高光时刻，在荷兰掀起了全攻全守足球的狂潮。

全攻全守足球又被称为全能足球，打破了传统足球战术理念对防守和进攻的绝对区分，把防守和进攻融为一个有机整体。其最大的特点在于"十人进攻，十人防守"，是一种攻守平衡的战术体系。在该战术体系下，球员在赛场上并不被限制在固定的位置，而是在灵活的跑动中进入特定的区域承担相应位置的职责。当球员移动到锋线，就承担起前锋的职责，寻找射门机会、努力进攻；当球员处在后卫位置，就要积极防守、拦截；当球员处在中场附近，就要组织球队进攻和防守，对其他球员进行调度。球队在进攻时，几乎全员压过半场，此时后卫也可以持球组织推进；而当球队防守时，中锋也要积极参与回撤、组织防守，并随时与队友配合进行反攻。在全攻全守战术的组织下，球队化身为一套严密运转又灵活多变的体系，每名队员在体系中轮转，随时进行角色转换，形成一个紧密配合的整体。

全攻全守战术高度依赖团队成员的密切配合，这就对球员之间的配合与协作提出了更高的要求。队员要随时保持密切的沟通与交流，把控进攻与防守的时机与节

全攻全守战术阵型图

克鲁伊夫（右）在1974年世界杯决赛赛场

奏，根据瞬息万变的赛场情况随时转换攻防状态，以高效的团队配合完成行云流水般的进攻和更为机动的防守。

1974年世界杯前，荷兰队在欧洲足坛影响微弱，只在20世纪30年代参加过两次世界杯且均被首轮淘汰。时隔36年重返世界杯的荷兰队，一登场便技惊四座，连克上届冠军乌拉圭队、欧洲豪强瑞典队以及名震世界的巴西队，最终闯入决赛对阵西德队。荷兰队带来的全攻全守阵型使全世界的球迷目瞪口呆，也让所有热爱足球的人记住了这一战术，这场荷兰队与西德队的世界杯决赛因此被称为"世纪之战"。

比赛一开场，荷兰队队员便在紧密配合下进行了16次连续传球，西德队队员甚至都未能触球。连续传球后，克鲁伊夫带球突进对方禁区，获得点球机会，在比赛开始的第55秒便以1∶0领先。西德队球员也非常顽强，在第25分钟扳平比分，并在第

43分钟再得1分，以2∶1结束比赛。虽然荷兰队最终惜败西德队，但足球界普遍认为，荷兰队的全攻全守战术更具革命性，对世界足球的发展具有深远的影响，荷兰队也被誉为"无冕之王"。

全攻全守战术强调团队整体的理念并不代表着对个人发挥空间的桎梏，由于每名队员都有机会在赛场上担任球队所有位置角色，这就给球员以空前广阔的发挥空间。也正是因为全攻全守战术对球员个人能力的严格要求，20世纪80年代的荷兰群星闪耀，涌现出内斯肯斯、阿里汉、克鲁伊夫等足球巨星，其中约翰·克鲁伊夫（Johan Cruyff）作为荷兰队队长是最能代表全攻全守战术的球星，被称为"荷兰球王"。克鲁伊夫拥有十分均衡且强悍的个人能力，更重要的是，他拥有全局性的意识和视野，在荷兰队球员频繁换位和轮转的情况下，十分清楚每位队友的位置。正是因为这种视野，作为队长的克鲁伊夫才能串联起全队，将全攻全守这一动态性极强的战术发挥得淋漓尽致。

克鲁伊夫对足球的理解非常深刻，他曾说过："每个位置上都选用最好的球员，那么你得到的不只是一支强大的团队，还有11个强大的球星。"这句话完美体现了他的足球哲学，也体现了全攻全守战术的精髓——团队配合。同时他还强调享受足球的乐趣，只有发自内心地喜欢足球、热爱足球，才能在足球场上取得成绩与荣誉。克鲁伊夫退役后，在阿贾克斯队担任教练，继续推广和发展全攻全守战术。在克鲁伊夫的指导下，阿贾克斯队在1985—1988年获得2次荷兰杯冠军、1次欧洲优胜者杯冠军。随后，克鲁伊夫离开阿贾克斯队而去执教巴萨队，一手将巴萨队从欧洲二流球队打造成世界一流足球豪门。

TUANDUI HEZUO
团队合作的典范

阿根廷队 2022 年卡塔尔世界杯夺冠记

  团结就是力量！团结才能胜利！阿根廷队在 2022 年卡塔尔世界杯的夺冠，就是对团队精神的完美诠释。他们在卡塔尔世界杯首场比赛失利的情况下，相互鼓励，彼此信任，众志成城，将此后每一场比赛都当成决赛来踢，在赛场上互相扶持，表现出了前所未有的凝聚力和战斗力，最终实现了冠军梦！团队协作是足球竞赛制胜的真谛，团队精神是足球文化蕴含的精髓，也是足球育人的价值和意义所在。

  2022年12月18日，阿根廷队在卡塔尔世界杯决赛中通过点球大战力克卫冕冠军法国队，捧起了第22届世界杯的冠军奖杯，潘帕斯雄鹰时隔36年再次翱翔于世界杯之巅，球队领袖梅西众望所归封王加冕，克雷斯波、萨内蒂、里克尔梅、卡尼吉亚、巴蒂斯图塔等阿根廷足坛名宿未竟之事业终于得以完成。

  回顾本届世界杯阿根廷队的夺冠之路，除其自身所具备的深厚足球底蕴、不俗实力、巨星加持、运气照顾等常规因素外，本届阿根廷队所拥有的团结向上的凝聚力更是夺冠一大利器，正如足球名嘴黄健翔所说："他们是凭借最好的团队精神和众星捧月的战术体系，一路坚韧不拔走到决赛，登上顶峰的。"

  阿根廷是传统足球强国，其与"足球王国"巴西是南美足球最具代表和实力的国家，在国际足坛上享有较高的声誉和地位。阿根廷足球的青训体系比较完善，后备人才充裕，他们是历届U20世界杯（即世青赛）决赛的常客，斩获多座世青赛冠军奖杯，许多年轻的新星借此早早就在国际赛场上崭露头角，并受到世界各国足球俱乐部的关注和青睐。曾有这样一桩轶事：2007年加拿大世青赛开赛前，当时还不到20岁的迪马利亚就被葡萄牙本菲卡足球俱乐部以800万欧元的转会费签下；当阿根廷队夺得加拿大世青赛冠军后，迪马利亚就直接从多伦多机场登上了前往里斯本的飞机，完全是"无缝衔接"。纵览当今世界各国的职业足球联赛，尤其是欧洲五大足球联赛中都有阿根廷球员的身影，阿根廷可谓名副其实的"球星工厂"，阿根廷足球在世界足坛就是

庆祝进球的阿根廷队球员

一种强势存在。但就是这样一个球星辈出的足球强国，竟在拿过1978年和1986年两次世界杯冠军后，36年间再未捧得大力神杯。近几届世界杯，阿根廷队的阵容一直都很强，每届世界杯开赛前的冠军竞猜中，阿根廷队因为梅西的存在总是球迷眼中的热门球队。但近些年来，阿根廷足协的腐败、国家队在世界杯期间时常爆出的内讧等负面事件严重影响了球队的凝聚力，再加上球队对梅西的过度依赖，导致他们每次都无功而返，可谓"叫好不叫座"，这曾令全世界喜欢阿根廷队的球迷唏嘘不已。

现代足球越来越注重战术的整体性，比赛中每个球员不仅在自己的位置上有特定的战术任务，还要将自己的战术任务与全队整体战术有机融合，最终实现破门得分的战术目标。因此，团队精神和团队协作是现代足球的核心，这也是球队在高水平比赛中取胜的关键。阿根廷队征战2022年卡塔尔世界杯的主教练斯卡洛尼，不仅在球队关键位置上敢于启用新人，更重要的是他加强了球队的团队建设工作,极大地提升了球队的凝聚力,球员的团结程度、拼搏精神和求胜欲望也远超历届阿根廷队。2022年卡塔尔世界杯上,斯卡洛尼一改以往阿根廷队对梅西的过度依赖,将其角色定位从比赛的终结者更多地转变为进攻组织者,同时大胆扶持年轻球员上位首发,让两名小将麦卡利斯特和恩佐与"跑不死的铁汉"德保罗构成新的中场组合,用年仅22岁的阿尔瓦雷斯逐渐顶替了状态不佳的劳塔罗的首发位置。年轻球员更强的跑动能力不但能很好地弥补梅西参与进攻留下的空档,而且还能通过前场疯狂的跑动为球队的进攻拉扯出更大的空间,增强了球队中前场的冲击力,这样不仅给了球队核心——梅西更多的发挥空间和更大的支持,还有效地减轻了梅西参与进攻后的回防负担。由于全队上下团结一致,与历届世界杯梅西背负太多思想包袱相反,2022年卡塔尔世界杯是梅西发挥最好的一届世界杯。卡塔

氛围融洽的阿根廷队

尔世界杯结束后，梅西接受媒体采访时表示："这届世界杯我全程都很享受。"

《福布斯》网站发文指出，是团结一致的精神帮助阿根廷队成功问鼎冠军。尽管球员来自不同俱乐部，但所有球员都能够无私奉献，朝着共同的目标努力。队中老将德保罗、奥塔门迪、戈麦斯和帕德雷斯都与梅西关系密切，而马丁内斯、费尔南德斯、罗梅罗、阿尔瓦雷斯和莫利纳等年轻球员可以说都是"从小看梅西踢球长大的"，也认同这种团队精神，全队上下都决定要为阿根廷带来自豪，为球迷带来欢乐。在这样的氛围中，即使在卡塔尔世界杯小组赛首轮爆冷输给沙特队后，球队也显示出了难得的团结。阿根廷《号角报》称，首场失利后，梅西站了出来，他鼓励队友，这场失利并不意味着球队失去了夺冠的希望，而要将其看作一个新的契机——大家可以由此展示信心，球队会因为这种信心变得比以往任何时候都更强大，并将目标锁定在更远的未来。夺冠后，主教练斯卡洛尼曾说，梅西的这段话在世界杯比赛期间一直在所有队员耳边回响。梅西以其无与伦比的足球智慧和丰富的比赛经验，找到了能更好融合球队的踢球方式，他有效地将队友串联了起来，并能在关键节点发力左右比赛，这较历届世界杯有很大的进步，因此梅西最后带领队友登顶卡塔尔世界杯之巅就显得更加水到渠成。

征战 2022 年卡塔尔世界杯的阿根廷队与以往历届世界杯上的阿根廷队相比，"星味"可谓最低。这支阿根廷队各个位置上球员的总身价，也只排到参加卡塔尔世界杯所有球队的第七位，个人的绝对能力并不突出，但是他们却打出了团队的最高境界，既彰显了球星的个人价值，又凝聚了集体的力量，真正实现了"1＋1＞2"的正协同效应，成为现代足球团队合作的典范。

TUANDUI HEZUO
战火熔炼 淬铁成钢

克罗地亚队团队精神之写照

团结就是力量。足球运动是一项极具代表性的团队运动，它对球员的团队精神有极高的要求。一支球队想要获胜，每位球员都必须齐心协力相互扶持，以高昂的斗志共同承担球队责任，这样才能形成一股强大的力量，战胜对手。克罗地亚队凭借强大的团队精神和集体凝聚力在世界杯的赛场上攻坚克难，获得了世人的尊敬。这种在足球运动中展现出来的绿茵精神，在激发国民的精神力量和民族自豪感、增强国民对国家认同感方面有独特的社会价值。

　　世界杯的赛场就是"绿茵圣地",各国球队无不神往,但"朝圣"之路却荆棘载途,艰辛异常。自1930年首届世界杯举办以来,除了1938—1950年间因战争停办,唯一没有缺席过世界杯决赛圈的仅有"五星巴西"一支球队。曾经四夺大力神杯的欧洲冠军意大利队都已经连续缺席2018年和2022年两届世界杯的决赛圈了,可见晋级世界杯决赛圈有多难。不过有这样一支球队,他们的国家1991年才建立,人口仅有400万,国土面积不及我国宁夏回族自治区,自1998年首次参加世界杯预选赛至今,在7届世界杯预选赛中,6次冲进世界杯决赛圈,更令人折服的是他们竟勇夺了1次亚军和2次季军。这就是让巴西、德国、意大利、英格兰、阿根廷、荷兰等强队在世界杯赛场上都尝过苦头的红白格衫军团——克罗地亚队。他们没有巴西、法国等传统强队那样水银泻地般的强势进攻,也没有西班牙、德国那样细腻的精准传控,更没有像梅西、C罗、内马尔这样的天王巨星,但他们却能始终团结一心、众志成城,具有极强的团队精神。球员间有着牢固的联系,在球场上彼此信任、相互照应,让任何一支球队都不敢小觑。正如在2018年俄罗斯世界杯决赛前的新闻发布会上,他们的对手法国队的主力门将洛里所说:"克罗地亚球员个人能力很强,但他们最突出的是团队精神和集体凝聚力,对此我们很尊重。"

　　克罗地亚队强大的团队精神和集体凝聚力是如何铸就的呢?从1998年法国世界杯季军克罗地亚队的主力球员伊戈尔·斯蒂

身穿传统红白格衫球服的克罗地亚队球员

马奇说过的一段话中，我们或许可窥一斑。他曾说："我们的人民在生存、独立、奋斗方面经历了诸多困难，这些困难有助于人民保持强大的精神力量和严格的纪律，保持谦虚，顽强生存。"克罗地亚位于素有"欧洲火药桶"之称的巴尔干半岛，这里民族众多、小国林立、不同宗教共存、国际关系复杂、地区冲突不断，第一次世界大战的导火索就是在这里引燃的。特殊的地理位置注定克罗地亚不会轻易获得安宁与和平，从公元10世纪克罗地亚王国建立以来，他们在历史上就战乱不断，在长期的分合交替中逐渐形成了广泛的克罗地亚民族认同。进入近现代，他们在新旧世界秩序的大破大立中也是久经动荡与磨难。反法西斯战争胜利后，南斯拉夫联邦人民共和国宣告成立（1963年改称南斯拉夫社会主义联邦共和国），克罗地亚是当时的加盟共和国之一。但从20世纪80年代开始，南联邦内部政局出现动荡，各种矛盾持续激化，各加盟共和国要求更大自主权的倾向日趋强烈。1991年，克罗地亚脱离当时塞尔维亚人占人口多数的南斯拉夫，独立成为主权国家。然而，克罗地亚的独立随即引发了其与克罗地亚境内塞尔维亚人的持续冲突，战火直到1995年才熄灭，克罗地亚国内形势至此逐渐安定。生活在这样一个久经动荡与磨难的国家，人民必定要承受常人难以想象之苦、饱受常人无法隐忍之痛。也正是有过这样苦痛的经历，克罗地亚人的民族情感才更加强烈，团结和坚韧也成为他们刻在骨子里的精神品质。这样的精神品质自然而然地就在克罗地亚球员身上体现了出来，克罗地亚足球记者法比亚纳茨曾说："巴西、葡萄牙和德国都有优秀的球员，他们有精神，但没有团队，这就是问题所在。作为一支团结的球队，克罗地亚非常强大。"

1995年国内战乱平息后，克罗地亚迎来了久违的和平。1996年，克罗地亚队身着红白格衫球服第一次出现在当年的欧洲杯赛

克罗地亚队"第一代"球员代表

民众夹道欢迎获得卡塔尔世界杯季军的克罗地亚队回国

场上,这也是以达沃·苏克为代表的克罗地亚"第一代"球员在国际大赛舞台上的首次亮相。两年后他们首次参加世界杯,并一举夺得了法国世界杯季军,苏克还获得了这届世界杯的金靴奖。克罗地亚队能够在世界杯的舞台上实现"出道即巅峰"的壮举,一定程度上得益于前南斯拉夫的足球遗存,但更重要的是他们强烈的民族情感所迸发出的集体力量,他们在比赛中展现出的团结和坚韧赢得了世界的瞩目。克罗地亚"第一代"球员为克罗地亚现代足球发展奠定了基础,当时的主力球员斯蒂马奇曾说:"我们这一代人走过了最艰难的道路,因为我们有责任让克罗地亚在足坛获得尊重,并为后辈们开辟道路。"

尽管在法国世界杯后的十余年间克罗地亚队稍有沉寂,但团队精神却始终得以传承。随着克罗地亚新一代球员的成长,以卢卡·莫德里奇为代表的新一届国家队再次迎来他们的辉煌。2018年俄罗斯世界杯上,克罗地亚队一路高歌晋级决赛,尽管最终遗憾负于法国队而屈居亚军,但他们在三场淘汰赛中表现出来的团结和坚韧再次赢得了世人的称赞。这三场淘汰赛可谓对双方球员体能、意志和团队精神的超强考验,对克罗地亚队员来说更是艰难，因为这三场淘汰赛都没有在常规时间内决出胜负，而且克罗地亚队都是在先失球的落后局面下扳平比分，并在点球决战（对阵丹麦、俄罗斯）或加时赛（对阵英格兰）中战胜对手的。值得一提的是，在2022年卡塔尔世界杯上，最终获得季军的克罗地亚队，同样是在两场淘汰赛常规时间内先失球的落后局面下扳平比分，并在点球决战（对阵日本、巴西）中战胜了对手。最近两届世界杯的5场淘汰赛，将克罗地亚队球员的团队精神和坚韧意志体现得淋漓尽致，他们也因此被冠以"加时赛之王"的美誉。"想赢克罗地亚队，请在90分钟内解决战斗。"这已成为世界杯各支球队间广为流传的一句奉劝之语。

  2022年卡塔尔世界杯结束后，队长莫德里奇在一次采访中说："克罗地亚在世界杯上的成功首先归功于球队的团结和拼搏，我们有着永不放弃的性格。当我们看到所有克罗地亚人为国家队的胜利感到高兴时，我们意识到这就是我们所做的一切的意义，对我们来说体育是一个奇迹，足球是一个奇迹！"时年37岁的莫德里奇是克罗地亚队的精神领袖，他从小放羊，后又遭受战争洗礼，这样的经历淬炼了他钢铁般的斗志和永不服输的意志品质，在卡塔尔世界杯的赛场上，当对手已经跑不动的时候他还能完成"超车"。在他的感召下，每场比赛全队都拧成了一股绳，每个人也都从头拼到尾。在淘汰赛对阵日本队的比赛中，30岁的布罗佐维奇全场跑动距离竟达到了16.64公里，打破了他自己保持的单场跑动纪录。

  仅有400万人口的克罗地亚能够在群雄逐鹿的世界杯赛场上大放异彩，凭借的就是球队强大的团队精神和集体凝聚力。他们的球队中没有球霸，没有超级巨星，也没有绝对核心，只有精神领袖，所有人都为集体做着贡献。只要穿上国家队的队服，就要团结一心为这个国家贡献一切力量——这就是克罗地亚足球的精神！

TUANDUI HEZUO
钢铁是怎样炼成的

德意志战车永不屈服

足球运动需要每一位队员的配合和奉献，没有团队精神，足球就失去了魅力。德国足球队就是一辆永不言败的战车，每位队员都是重要的零件，他们拥有共同的理想和信念。德国队从不缺乏顽强的意志，他们坚信，只要比赛还在进行，终场哨声还未吹响，他们就要为胜利拼搏到底，团结和坚毅是他们屡次创造奇迹的精神与力量。

  人们总会把德国足球队与"德意志战车""点球之神"联系在一起,这些称号已经成为德国足球的代名词。发挥稳定的德国队毫无疑问是世界足坛历史最悠久、战绩最辉煌的国家队之一,他们曾经4次夺得世界杯冠军(1954年、1974年、1990年、2014年),3次夺得欧洲杯冠军(1972年、1980年、1996年),还夺得1次联合会杯冠军(2017年)。英国足球名宿莱茵克尔曾说过:"足球就是一项22个人争来争去,最后德国人获胜的运动。"在足球的世界里,钢铁象征着德国队与生俱来的力量、速度和坚韧,一场场经典而深刻的比赛贯穿了德国队淬炼成钢的百年历史。

  第二次世界大战后,德国分裂为联邦德国(西德)和民主德国(东德),他们分别成立了各自的足球代表队参加国际比赛。1954年瑞士世界杯上,西德队锻造了属于德国足球的钢铁意志。在小组赛中,他们遭遇了拥有"黄金一代"天才球员的匈牙利队,以3∶8的比分败下阵来,被视为夺冠无望的弱旅。但失利并没有摧垮西德队,他们依然顽强挺进,并在决赛中奇迹般的再次站在了匈牙利队的对面,与之展开了一场史诗般的对决。1954年7月4日,伯尔尼的万克多夫体育场里聚集了6万名观众,人们一致看好匈牙利队。比赛开始后8分钟,匈牙利队打进2球以2∶0比分领先,一切看上去尽在把握。然而,接下来发生的事情震惊了全场:第10分钟,西德队莫尔洛克破门;第18分钟,拉恩追平比分!面对2∶2的比分,比赛陷入了胶着状态,匈牙利的铁桶阵让西德队一时也无法找到破门良机。不多时,伯尔尼下起了雨，西德队迸发出超乎寻常的毅力和团结，比赛还剩 6 分钟，西德队前锋拉恩得球突破，在禁区边缘一脚射门，皮球飞进了匈牙利队的球门，西德队以 3∶2 反超了比分！这一刻，全场沸腾了，西德队的球员和球迷欢呼雀跃，他们完成了一场不可思议的决斗，夺得了首个世界杯冠军！这场比赛也被后世誉为"伯尔尼奇迹"，成为足球史上最为经典和震撼的比赛之一。西德队的胜利不仅仅是一场足球比赛的胜利，更是一场国家和民族的胜利。他们用自己的拼搏和努力，为整个西德带来了荣耀和自信。世界杯的夺冠对于彼时正处于重建期的德国来说同样具有深刻的影响，这次夺冠也奠定了德国足球的强队底蕴。

在两德统一之前的数十年里，西德队涌现出许多世界级球星，例如"足球皇帝"贝肯鲍尔、"魔术师"盖德·穆勒、"金色轰炸机"

1954 年瑞士世界杯上西德队射门夺冠

西德传奇球星盖德·穆勒

尤尔根·克林斯曼、"金球传奇"鲁梅尼格……他们为德国足球带来了无数的荣耀。西德队不仅在世界杯赛场上大放异彩，在欧洲足坛的成绩也同样出色。1972年比利时欧洲杯半决赛中，开场仅24秒，西德队就被东道主比利时队打入了一记出人意料的进球而处于下风。然而，西德队并没有气馁，他们展现出了百折不挠的精神和团结一心的力量，在接下来的时间里奋起直追，不断地向比利时队发起攻势，寻求着扭转乾坤的机会。凭借盖德·穆勒的两次射门和克雷默斯的一记天外飞仙般的进球，他们最终以3∶1的得分逆转比赛，成功翻盘，晋级决赛，并在决赛中以压倒性的优势3∶0完胜苏联队夺冠。作为夺冠功臣之一的盖德·穆勒在赛后回忆道："一切都很顺利……我们全队非常和谐，每个人都能很好地理解队友。在场上也是这样，这是最棒的结果。"无比团结的西德队成为世界足坛的常胜将军，两年后在德国本土首次举行的世界杯上，西德队继续乘胜追击，于决赛中战胜由约翰·克鲁伊夫率领的荷兰队，再次夺得冠军。

1990年意大利世界杯西德队夺冠画面

多次逆转取胜成为体现德国足球钢铁意志的主旋律。1990年意大利世界杯赛上，西德队在半决赛中遇到了英格兰队的顽强阻击。双方在90分钟内1∶1战平，加时赛后比分仍是1∶1，进入点球大战。英格兰主帅索斯盖特赛前透露，英格兰队3月就开始练习点球，为比赛做了充分的准备。在这样的压力下，西德队在点球大战中表现出了过硬的心理素质和精湛的技术水平，四位主罚者四罚四中。英格兰第四个出场的皮尔斯和第五个出场的瓦德尔全部罚丢点球。西德队以点球大战4∶3，总分5∶4战胜英格兰队。由马特乌斯、布雷默、克林斯曼组成的"三驾马车"率领德国战车一路高歌猛进，在决赛中更加势不可挡，一代球王马拉多纳率领的阿根廷队几无招架之力。最终，凭借布雷默的点球，西德队1∶0战胜阿根廷队而获得本届世界杯冠军。数月后（1990年10月3日）两德统一，重归完整的德国队开始共同守护德意志荣耀。

进入21世纪，德国队依然延续着强队风采，在世界杯赛场上分别获得1次冠军、1次亚军和2次季军，始终站在世界足坛的前列。坚毅的德国队不依赖于个人英雄主义或天才创造力，而是通过整体配合和战术执行来发挥优势。队员相互信任、支持和鼓励，形成了一种无私奉献、共同进退的团队精神。

2014年巴西世界杯是"德迷"们难以忘怀的一届赛事，德国队的夺冠之路无疑充满了惊心动魄和感动人心的时刻。在小组赛中，他们4∶0轻松战胜了葡萄牙队，展现了强势的攻击力。在淘汰赛中，他们凭借胡梅尔斯的头球破门1∶0险胜法国队，挺进半决赛。在半决赛中，他们7∶1大胜东道主巴西队，创造了世界杯历史上最惨烈的比分，让全世界为之震惊。在决赛中，德国队与阿根廷队展开了一场生死较量，双方在常规时间内互交白卷，直到加时赛第113分钟时，德国队的格策接到许尔勒的传球，在禁区内胸部停球后左脚抽射破门，打入绝杀一球，为德国队锁定胜局，德国队最终捧起了梦寐以求的大力神杯。德国队的夺冠不仅是个人的荣耀，更是团队的功劳。门神诺伊尔、铁血后卫拉姆、中场核心克罗斯、进球王穆勒，还有替补英雄格策……每个球员都发挥了自己的作用。主教练勒夫同样功不可没，他以独特的战术眼光和灵活的换人策略，带领着这驾日耳曼战车驰骋绿茵场。德国队时隔24年再次夺得世界杯冠军，他们也成为第一支在南美夺冠的欧洲球队。2014年夏天，德国队的梦幻表现征服了无数球迷，用实际行动证明了德意志战车的团结和坚不可摧。

德意志战车从不屈服，钢铁般的意志永不消亡！虽然德国队经历了2022年卡塔尔世界杯的惨败，但我们有理由相信在不久的将来，德意志战车必将重新启程，涅槃重生！正如著名央视解说贺炜在卡塔尔世界杯挥别德国队时所说，德国足球又到了重新上路的时候。他们曾获得过辉煌，经历过低迷，又重新回来，现在是他们再次寻找前进方向的时候。

TUANDUI HEZUO
足球场上的"维京战吼"

欧洲杯上的冰岛奇迹

"世上无难事,只要肯登攀。"在足球场上没有什么是不可能的,冰岛队同样可以扳倒强大的英格兰队。只要我们敢想、敢拼、够努力、够坚韧、够团结,我们也可以在球场上书写属于自己的足球奇迹。

　　冰岛位于北大西洋中部，靠近北极圈，是欧洲第二大岛，国土面积仅为10.3万平方公里，比我国浙江省的面积还要小一点，截至2019年，冰岛总人口只有34万。就是这样一个北欧小国，却在2016年欧洲杯上惊艳世人。面对C罗领衔的实力远高于他们的葡萄牙队，冰岛队以顽强的防守1∶1逼平对手；同时战胜了强大的奥地利队。冰岛队凭借一平一胜的战绩，最终以小组第二名出线，然后遭遇到身价是他们10倍的英格兰队，就是在这场比赛中，冰岛队创造了属于他们的欧洲杯奇迹。

　　2016年6月28日，英格兰队在尼斯体育场遭遇冰岛队的挑战。在这场实力悬殊的比赛开始之前，几乎没有人看好冰岛队，即使他们以黑马之势冲出了小组赛，但在强大的"三狮军团"面前，冰岛队仍然显得过于渺小。比赛开始后第3分钟，斯特林禁区内被侵犯，鲁尼点球一蹴而就，英格兰队1∶0领先冰岛队，这并不出乎意料。但不甘落后的冰岛队随即吹起了反攻的号角，比赛至第5分钟，冰岛队队员在前场大力将边线球掷向对方禁区，在经过头球摆渡后，西古尔德森射门得分，帮助冰岛队迅速扳平了比分。比赛至第18分钟，博德瓦尔松接到队友的直传球后横传门前，西格索尔松禁区内稍作调整后推射，英格兰队门将哈特出现低级失误，皮球滚入球网，冰岛队2∶1逆转英格兰队。在余下的比赛时间里，英格兰队的攻势也给冰岛队造成了巨大麻烦，但迟迟没有取得进球，直到终场哨响。冰岛队真的做到了，他们战胜了实力强大的足球劲旅英格兰队，创造了欧洲杯上的奇迹！

冰岛队的胜利真的应该全部归功于所谓的"奇迹"吗？其实不然，在这奇迹的背后，是所有冰岛人的负重前行，是冰岛34万人的共同努力。冰岛国家队技术总监阿纳尔·比尔·古纳尔森曾介绍说："我踢球的那个年代，只有夏天才能踢足球，冬天只能打手球或者篮球。冬天的时候，我只能在一个小的篮球场里每周进行一次足球训练。"可见在冰岛这样的北欧国家，自然条件其实并不利于足球运动的发展，但冰岛政府在这个国土面积仅有10万平方公里、大部分地区还是火山地貌的国家建起了179个标准足球场和128个小型足球场，包括9个超大型现代化球场群，而且这些设施都供国民免费使用。有了硬件设施之后，冰岛足协对教练员进行了大规模的培训，目前冰岛拥有600名持欧足联B级教练证书的教练和近200名持欧足联A级教练证书的教练。也就是说，大约每500个冰岛人中就有一名欧足联B级以上的教练。政府的大力建设和支持，以及良好的足球氛围，都成为冰岛创造奇迹的重要基础。

2016年，冰岛足协注册的男女足球运动员总共有21508人，约占冰岛总人口的1/15。在冰岛国家队的23人大名单中，有几位球员和教练身兼多职。冰岛门将哈尔多松几年前是一个导演，在尚未加盟挪威联赛时，他曾经导演了2012年欧洲金曲大赛冰岛的参赛MV。此外，冰岛队的主帅哈尔格里姆松曾经是个牙医，队长贡纳尔松年轻时是打手球的，右边卫赛瓦尔松

冰岛室内足球场

冰岛队首发11人

　　17岁时差点转行去做飞行员，中卫奥德纳松是美国阿德尔菲大学企业管理专业的硕士……就是这样一支在其他国家队面前略显"业余"的球队，在球场上抓住机会，战胜了强大的英格兰队。真正让冰岛队坚强如铁的，是这些队员的意志力，前锋博德瓦尔松赛前曾调侃："我们今天已准备好把肺跑烂，大不了明天再买对新的！"努力和坚韧是这支球队的代名词，也是冰岛队创造奇迹的第二大因素。

　　与国家队相比，冰岛球迷的"维京战吼"也给全世界的球迷留下了深刻的印象。提到为足球疯狂的球迷，人们也许第一时间会想到西班牙、意大利、德国、阿根廷、巴西等，但相较于这些传统足球强国，冰岛球迷对足球的痴迷程度可谓有过之而无不及，这些球迷也成为冰岛队创造奇迹的第三大因素。在赛场上，球迷的力量往往不可忽视，他们被称为"第12名球员"。在2016年欧洲杯上，为了支持国家队，有多达3万名球迷前往圣埃蒂安，也就是说约有1/10的冰岛人来到了现场。不仅仅是在这届欧洲杯，

冰岛球迷的"维京战吼"

有调查显示,冰岛有 2.5 万人长期现场观看国内的足球比赛,这个比例在欧洲杯的参赛队伍中高居第一。也是在那届欧洲杯上,冰岛的"维京战吼"响彻了法兰西的上空。即使输给法国队后,冰岛队员和球迷也以英雄之姿挥别赛场,冰岛队长贡纳尔松同击败英格兰队时一样,带领全队,走向足足有 15023 名冰岛球迷的看台,举起自己的双手,一次又一次地击掌。15023 张嘴,伴随着 30046 只手掌在空中清脆地拍击,在空中织成了一张摄人心魄的大网,把在场的每一个人牢牢地裹了起来。慢慢地,整个球场都被淹没在冰岛人的"维京战吼"之中。也正是一场场比赛中球迷的助威,支撑着冰岛队砥砺前行,打败一个个强敌,书写下属于冰岛队的"足球史诗"。

　　冰岛队长贡纳尔松在自己的亲笔信中写道:"我们团结一心,我们坚韧无比,我们无所畏惧。我希望后辈们能明白这样一个道理:只要你足够努力,只要你有一批志同道合的伙伴,那么,你就可以在足球场上做到任何事!任何事!"

TUANDUI HEZUO
赢得世界尊重的"亚特拉斯雄狮"

强韧的摩洛哥军团

　　摩洛哥队在 2022 年卡塔尔世界杯上的成功,是一种强韧的团队精神的胜利。在不被外界看好的情况下,球队上下一心、精诚一致,用优异的表现向世界证明摩洛哥足球的存在。而摩洛哥队在该届世界杯上的历史性突破,不仅赢得全世界的尊重,更催生了孩子们对足球和世界杯的梦想和憧憬。

在当今南美足球和欧洲足球称雄的世界足坛,摩洛哥足球很难进入世界足球领域的中心。在全球瞩目的世界杯舞台上,摩洛哥队在很长时间里也只是匆匆过客,并未留下令队员引以为傲的辉煌战绩。但是,2022年卡塔尔世界杯开赛后,一路被看低的摩洛哥队却连克强敌,在众豪强中脱颖而出,一举夺得世界杯第四名的历史性佳绩,惊艳了世人,证明了自己。他们凭借自身强韧的精神品质和足球风格,赢得了全世界的尊重。

"梦幻般的卡塔尔世界杯征程"是人们回看卡塔尔世界杯时,对摩洛哥队表现的总结和肯定。的确,作为意料之外的最大黑马,

赛后庆祝的摩洛哥队球员

摩洛哥成为第一个进入世界杯半决赛的非洲国家和阿拉伯国家，取得历史性的突破。其实，有足球媒体人专门挖掘过摩洛哥队在世界杯前的表现，摩洛哥队曾在2020—2021年保持"不败金身"，甚至打出过12连胜的佳绩。如此稳定的表现充分证明了摩洛哥队在世界杯的异军突起是有预兆的。

摩洛哥队在2022年卡塔尔世界杯上的"成功之道"，主要体现在球队强韧防守，"在杀入四强前才丢一球，而且还是乌龙球"。如此牢固和顽强的防守，便是强韧的摩洛哥军团的最佳写照，也是摩洛哥队团队精神的完美体现。可以肯定，有着如此优异表现的团队，一定有着众多优秀的球员。除了球员，摩洛哥队的神奇教练——世界杯开赛前才上任的瓦利德·雷格拉吉更是这支强韧军团的灵魂所在，也是摩洛哥队成功路上的关键一环。在距离世界杯开赛仅剩50多天时接掌球队，雷格拉吉面对的挑战和风险不可谓不大。但机遇就在风险和挑战之中。有足球记者认为，新帅雷格拉吉做对了两件事，一件是充分调动球员们的情绪，另一件则是最大程度地让所有球员都踢得舒服。调动球员情绪的行为，集中体现在球队与西班牙队的对阵中。在赛前发布会上，雷格拉吉便挑衅地说："西班牙的足球对观众来说是乏味的，这不仅伤害了对手，也伤害了球迷。"雷格拉吉将两国在文化、政治和历史上的种种对立凝聚在足球场上，以激发"隐藏在球员心中的民族情绪"。在协调球员和阵容方面，雷格拉吉很好地解决了球队阵容中两位实力一流球员位置重叠的问题。

雷格拉吉绝非仅仅依靠以上两点才创造了历史，他的出色才能更直接体现在以"残阵"战胜葡萄牙队的关键一战中。在后防主力球员马兹拉维和阿盖尔德赛前缺阵，以及球队队长、后防领袖赛斯中途伤退的情况下，雷格拉吉依然能够处变不惊、运筹帷幄，带领球队获得胜利。对此，世界足坛名帅穆里尼奥评价道：

球员高举主教练雷格拉吉　　　赛后庆祝的摩洛哥球员

"主教练（雷格拉吉）把球队组织得非常好，他们以1—4—3—3阵型开场，但能够在比赛过程中，变阵为1—5—4—1，他很聪明，并觉察到了危险，他看到葡萄牙队在前场堆积进攻球员，依然找到了控制比赛的方式。"这是神奇教练的神奇之处，一次次将险境和危局转化为坦途和胜利。素有"摩洛哥瓜迪奥拉"之称的雷格拉吉曾讲过，相较于传控和漂亮数据，"我们参赛的目的就是胜利，这才是唯一目标"。所以，对于摩洛哥队而言，雷格拉吉是一位出色的教练。当球队尽管发挥甚佳，但仍无奈败于法国队而无缘决赛时，主教练雷格拉吉欣然说道："最重要的是我们留下了美妙的画面，向全世界证明了摩洛哥足球的存在，我们拥有最棒的球迷。"而且比起历史最佳战绩，雷格拉吉还有更加看重的东西："足球可以催生梦想，尤其是孩子们的梦想。我们的球队在卡塔尔的成功，让梦想鲜活起来，亦让更多孩子怀揣对足球和世界杯的憧憬，这才是真正的无价之宝。它比任何一场胜利都更有价值。"这就是摩洛哥队在世界杯表现得如此强韧的深层精神动力。

雷格拉吉定会名留摩洛哥足球历史，他为这支强韧的团队注入了灵魂和精神。而团队优异的表现自然离不开优秀球员出色的发挥和执行。面对摩洛哥队如此优异的表现，有人总结道，强韧的摩洛哥军团是"举国体制下的多国部队"，不仅有着国家强力支持的"国王的足球学院"，而且拥有"强大的海外军团"。2007年，摩洛哥国王穆罕默德六世大力出资兴建现代足球学院——穆罕默德六世足球学院，积极向欧洲学习。而"强大的海外军团"即26人世界杯大名单里（2022年世界杯大名单由23人扩充至26人），有多达14人出生在海外，而且有十余人效力于欧洲五大足球联赛。

这支强韧军团的核心所在是球员杰出的发挥以及他们所展现出的不可思议的精神力量。其中，门将布努便是球队稳健和强韧防守的典型代表。在与西班牙队的淘汰赛中，布努成功保持120分钟的零封，甚至在点球大战中也未让对手将球成功打入球门。凭借如此完美的表现，布努荣获全场最佳球员称号，在那一夜成为摩洛哥的国家英雄，在世界杯的大舞台上迎来了属于他的闪耀时刻。

手捧全场最佳球员奖杯的布努

球队后腰阿姆拉巴特在这届世界杯中也大放异彩，从开赛前的默默无闻一步步变身为后腰位置的"最强者"之一。作为球队后腰，阿姆拉巴特的强韧表现在他自身"跑不死"的精神上。他在世界杯上的平均跑动距离可以排在所有球员前列，而且在与葡萄牙队的淘汰赛前一天，他刚在医院打完封闭针。但这丝毫没有影响他的发挥，在与葡萄牙队比赛的最后阶段，阿姆拉巴特仍能连续完成关键解围，甚至能为球队送出"差点提前终结悬念"的直塞球。毫无疑问，阿姆拉巴特是摩洛哥队强韧特性的典型代表，拥有强大的意志力和为团队奉献自我的牺牲精神，而且有着卓越的摆脱和覆盖能力。所以有记者赞叹道："阿姆拉巴特应该和摩洛哥队一样，成为本届赛事中最大的惊喜之一。"

而阿什拉夫·哈基米的成名和成功便是摩洛哥足球一鸣惊人的缩影。出生于西班牙马德里的阿什拉夫本有机会加入西班牙国家队，但因"没有归属感"以及"我是摩洛哥人"的文化自觉，他毅然决定为摩洛哥国家队出战。阿什拉夫家境并不富裕，他曾坦言自己的母亲是家庭清洁工，父亲是街头小贩，但优越的运动天赋让阿什拉夫得以在皇马青训营接受优质的足球训练，并逐步成长为世界一流的边后卫。在 2022 年卡塔尔世界杯上，阿什拉夫一直是球队的主力球员。阿什拉夫的高光时刻莫过于在与西班牙队的点球大战中，最后出场的他成功将球打进球门，用一脚轻松写意的"勺子点球"让他的第二故乡西班牙止步 16 强，并让祖国摩洛哥继续在世界杯的舞台上书写黑马奇迹。我们甚至可以说，阿什拉夫的命运正是祖国摩洛哥的命运，他们同样用足球的方式赢得了全世界的尊重。

当然，门将布努、后腰阿姆拉巴特、边后卫阿什拉夫都只是摩洛哥足球惊艳世人的代表人物。这支强韧的队伍自然也离不开队长赛斯的支柱作用，离不开前锋安·奈西里在对阵葡萄牙队时的一锤定音，离不开令西班牙队主帅赛后惊叹的"8 号球员"乌纳希，还有阿盖尔德、马兹拉维、齐耶赫等人的突出贡献。因此，摩洛哥队强韧表现的另一关键因素在于阵中人才济济，拥有球技一流的优秀球员。所以在 2022 年卡塔尔世界杯上，摩洛哥队不

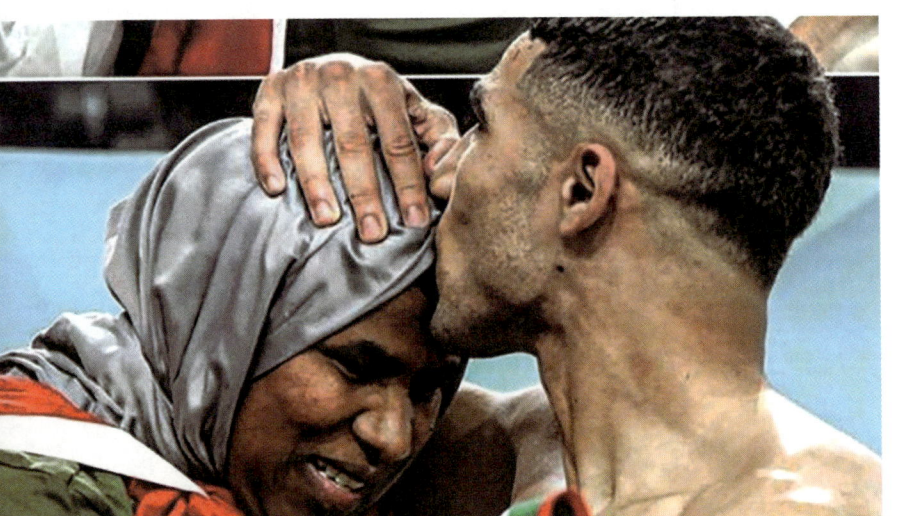

阿什拉夫赛后来到看台亲吻自己的母亲

仅仅是惊艳世界的黑马,更是能打出高水平比赛的世界强队。"能控能守,进退自如",便是摩洛哥队强韧表现的真实写照。

  摩洛哥队的强韧,背后有着国家的强力支持,有着对摩洛哥、对阿拉伯文化具有高度认同感和归属感的优秀球员,有着神勇的守门员,有着主教练的深度思考。这些因素共同铸造了强韧的摩洛哥军团,形成了这支球队强大的团队精神。

TUANDUI HEZUO
你永远不会独行

"红军"利物浦 30 年英超冠军征程

"永不独行"是利物浦足球俱乐部的精神图腾,也是足坛上被人广为传颂的团队合作典范。利物浦队充满热血,正能量十足,可以说,喜欢足球的人,没有人会不被这种精神所感染。

利物浦足球俱乐部（简称利物浦，也被称为"红军"）成立于1892年，是英格兰足球超级联赛的球队之一，也是欧洲乃至世界最成功的足球俱乐部之一。喜欢足球的人，不会不为利物浦足球而陶醉、迷恋、惊羡，利物浦足球蕴藏着强大且深厚的魔力。这种魔力因比尔·香克利（Bill Shankly）而具有传奇色彩。"为利物浦而生"的香克利缔造了"红军"历史上的第一个辉煌期，使利物浦足球"让人们感到快乐"；这种魔力也因"Kop"看台和"靴室"而拥有神圣力量，安菲尔德的"心脏"（即"Kop"看台）和"总统办公室"（"靴室"）让安菲尔德球场成为当今足坛令对手震撼和恐惧的"魔鬼主场"；这种魔力铸造过伟大的足球奇迹，伊斯坦布尔之夜的神奇逆转夺冠被热爱足球的人们代代相传；但这种魔力也被注入悲痛的足球记忆，96人死亡、766人受伤的希尔斯堡惨案给利物浦足球留下难以磨灭的伤痕。这便是利物浦足球的魔力所在，有传奇底蕴，也有神圣光环；有奇迹耀世，也有悲惨创伤。所以，球迷、球员、教练、俱乐部老板都无法回避利物浦足球的魔力，对其存有强烈的依恋和狂热。因此有人说，前往安菲尔德球场现场看球，不仅仅是观看比赛，还是一种对"作为利物浦人"的感受体验。

然而，利物浦足球的魔力不止传奇与神圣，奇迹与悲惨，它还具有一种与众不同的特质——"你永远不会独行"。可以说，永不独行之于利物浦，是直面风暴与黑暗的无畏，是对心中希望的坚守，是对金色天空的向往和追求，是一种携手共进、勠力同

安菲尔德球场

心的团队精神。而"红军"30年的英超冠军征程,便是利物浦球员永不独行的最佳写照。利物浦足球的确具有魔力,在英超改制前,利物浦便已获得18次英格兰顶级联赛冠军,成为当时英国足坛最成功的俱乐部之一。但在2020年夏天成功捧起英超桂冠之前,利物浦上一次夺得联赛冠军还要追溯至1990年,而那时还处在老英甲年代(英超改制从1992年开始)。对利物浦而言,这30年的等待和沉浮,是一条漫长且煎熬的"永不独行"之路。而在这30年的征程中,利物浦并非没有夺魁的机会,但由于竞争者的阻拦和偶然的意外,留给利物浦的只是"虚幻的黎明"和冠军旁落的辛酸。

在2008—2009年赛季,利物浦在贝尼特斯的带领下,阵容趋于完备和成熟,向着阔别19年的联赛冠军发起冲击,但在竞争对手的心理干扰下,球队和主帅都出现心理波动,在最后冲刺阶段被对手甩掉。在2013—2014年赛季,罗杰斯执掌利物浦,成功打造出一支强大的队伍。当时,利物浦一度无限接近联赛冠军,但谁也不会想到,球队最为信赖的队长杰拉德在最后阶段的一场关键比赛中不幸滑倒,直接导致对方球员单刀进球,竞争者成功逆袭。而在2018—2019年赛季,利物浦进入克洛普时代,这是激情主帅与激情球队的完美融合。在这个赛季,球队成功夺取了高达97分的联赛积分,但无奈的是,此时利物浦遇到瓜迪奥拉麾下的无敌曼城,以1分之差屈居亚军,并成为"英超史上最强亚军"。利物浦仿佛遭到了宿命般的诅咒,每一次离联赛冠军都只有一步之遥。但利物浦人天生注定要与命运对抗,而利物浦这座城市本就是摇滚乐文化的中心,披头士乐队便诞生于这里。因此,要想颠覆命运,利物浦必须以更强大的姿态、更摇滚的方式向冠军发起冲击。

在利物浦通往英超冠军的征程中,"永不独行"不只是失败时的相濡以沫、携手共进,更是追求成功时的勠力同心、激情四溢。虽然在2018—2019年赛季,利物浦再次错失联赛冠军,但他们豪夺欧冠冠军,为来年夺取联赛冠军积累了成功经验和宝贵信心。在2019—2020年赛季,新冠疫情席卷全球,让世界按下暂停键,足球自然也不例外。就在这样的背景下,"真命天子"克洛普(Jürgen Klop)苦心孤诣数年,

利物浦夺冠庆典

克洛普在场边庆祝

让球队阵容日臻完善,并显示出强者气场。这一次利物浦所向披靡,提前7轮夺取联赛冠军,并打破英格兰顶级联赛纪录。利物浦的这次逆天改命表现得十分强势,"摇滚范儿"十足。

  细看这支精诚所致的"红军"时,我们不难发现,俱乐部上下无不彰显出伟大的团队精神。首先,利物浦的成功离不开俱乐部重返巅峰的决心。管理层为了能够找到一位与俱乐部文化和气质相吻合的主帅,事先对克洛普考察了很久,对其风格和言行进行全方位的研究,并耐心等待克洛普的到来。克洛普任主帅后,管理层给予他无条件的信赖,让其有足够的时间重建球队。其次,不夸张地说,"真性情"的克洛普便是利物浦的"真命天子"。激情且热爱摇滚的克洛普就是这支"摇滚球队"的主心骨。克洛普有着极致且绝对化的性情和工作态度,他不喜欢输球,不容许他人质疑他的战术安排和球员的取胜欲望;他对胜利充满渴望,所以当自家球员进球时,克洛普定会激情地表现出疯狂的庆祝动作。而克洛普最神奇的魅力在于,耐心且扎实地将众多"二流球员"成功组合打造为一支近乎完美的冠军之师,被人们称为"史上最佳之一"。所以对于利物浦球迷而言，克洛普就是"香克利再世"。

如果说克洛普是利物浦足球重塑辉煌的精神领袖，那么众多球员便是这支"摇滚球队"的骨血和气脉。首先，迅如闪电又合作无间的前场"三叉戟"是球队横扫英超对手们的得分利器，其中，内敛、谦逊的马内便是"三叉戟"中的杰出代表。马内有着不逊于萨拉赫的进球数据，但比起个人数据的漂亮，他更看重自己在团队中的作用，将团队成绩放在第一位。其次，队长亨德森是"红军"张弛有度的中场核心之一，是球队中场球员的最佳代表。能够在底蕴深厚的利物浦阵中接手队长袖标，足以见证亨德森的非凡才能和气质。亨德森身上带有一种不显山不露水的谦谦君子之风，在朴实无华中实现对自身的超越，让球队变得更好。最后，在球队坚固的后卫线上，范戴克如定海神针般护卫着球队最后一道防线。巅峰时期的范戴克便是球队后卫线上的典范。有媒体评论道，范戴克对于对手的心理和球路预判极其精准，将对手一次次有威胁的进攻成功化解。

带着心中希望，你永远不会独行。"永不独行"已成为利物浦足球的精神图腾，铸造着一代代利物浦人精诚合作的团队精神。在再次登顶英超之巅的漫长岁月中，这个"永不独行"的团队不只有克洛普时代的杰出球员，也有之前一次次冲击冠军荣耀的球员和教练们。所以，当克洛普率领队员成功夺取英超冠军后，我们看到了那一幕幕激动且温情的画面。

TUANDUI HEZUO
足坛最美童话

"蓝狐军团"莱斯特城队英超冠军传奇

他们曾被认为是井底之蛙,只配仰望那有限的天空;也曾被笑称为蝼蚁,只能穿梭在尘土之中。但他们用顽强的精神和默契的团队合作告诉世人:青蛙也可以跳出井口,蚂蚁亦可撼动大地。"蓝狐军团"莱斯特城队的英超冠军故事至今仍被人津津乐道,他们的精神给了普通人希望的光。无论现在的你有多落寞,有多渺小,相信自己并为之付出努力,总有一天,你会追逐到属于自己的那束光!

　　如果一件事发生的概率是 1/5000，那么基本上可以说是一件不可能发生的事。但在英超 2015—2016 年赛季，莱斯特城足球俱乐部为我们上演了一场将不可能变成可能的足坛奇迹！

　　自 1992 年英超改制以来，"金元足球"成为顶级联赛的潮流，大球队越来越强，根基越来越牢固，小球队却愈难生存，进入欧战也慢慢变成了奢望。在英超联赛，曼市双雄、切尔西、阿森纳、热刺以及传统豪门利物浦组成的英超 Big 6，更是让其他小球队对于联赛冠军不再抱有幻想。

　　2013—2014 年赛季，曾斩获球队历史上首个英冠冠军的莱斯特城队时隔 10 年再次升入英超联赛，但其在重返英超的第一个赛季中的表现差强人意。在联赛还有最后 10 轮之前，几乎把积分榜的倒数第一当成了自己的固定位置。主帅皮尔森在最后 9 场比赛中突然变阵三中卫阵型，取得 7 场胜利，莱斯特城队以超过保级区 1 分的微弱优势，在降级的边缘艰难地爬了上来。这时候绝大多数人认为，这支球队面临的只是绝境时的背水一战而已。

　　2015—2016 年赛季，莱斯特城队主帅皮尔森因丑闻下课，功勋主帅的下课让大家对这支球队的前景更加担忧。球队新赛季的引援也不被人看好，而球队新主帅的任命更是让球迷们感到不解：被球迷戏称为"补锅匠"的拉涅利上岗执教。彼时的莱斯特城队就像一支"乌合之众"的球队，队中主力尽为别人眼中的"泛泛之辈"：前锋瓦尔迪，16 岁时甚至一度被球队解约，无球可踢，25 岁之前一直混迹在业余联赛，平时靠在工厂做技术员补贴家用，直到2012年,才被莱斯特城队看中;马特雷斯,职业联赛开始于法国第七级别联赛;韦斯·摩根,也是个曾经因为肥胖而被球队"退货"的"水货"中后卫;被切尔西青训队"扫地出门"的安迪·金;在父亲闪耀背景下不被人抱以希望的"星二代"舒梅切尔;在低级别联赛混迹了将近十年之久的坎特;当然,还有执教过数十支球队总是被辞退的"补锅匠"拉涅利。彼时球迷们也都认为,这个赛季的降级区似乎已经提前定下了一个名额。再看看那个赛季开始前莱斯特城队的英超冠军赔率为1∶5000,好像也挺合理的。

新闻发布会上的拉涅利

　　在那个赛季前的新闻发布会上,被记者问及这个赛季的目标时,拉涅利一脸严肃地回答:"我现在的目标就是尽力让球队免于降级。"新闻发布会结束后,莱斯特城队在这个赛季的"保级之路"正式开始。

　　第一场比赛,莱斯特城队面对的是一支弱旅球队。当然,在别人眼中,他们也不是一支强队,但这是少数可以夺取三分的机会,全队上下一心,最终以4∶2战胜了对手,取得开门红。第五场面对"锤子军团"西汉姆联队,在第63分钟时被打进第二粒进球。大家以为这才是真正的莱斯特城队,面对稍强的对手,问题便暴露无遗。可是最后的30分钟,莱斯特城队却用顽强的意志和默契的配合告诉球迷,他们不是"水货",而是一支团结的球队。原本连追两球就已经让球迷感到被上天眷顾了,没想到莱斯特城队的将士们众志成城,逆转了比赛结果,球迷彻底疯狂

赛场上的坎特（右）

了。球员们用行动告诉自己的球迷：如果你们需要英雄，那么我们是时候该站出来了。

　　前八场比赛仅输了一场，这样的开局即便对于一些豪门球队来讲也不易。但是，主帅拉涅利在新闻发布会上却是满脸担忧。他认为球队前八场比赛场场都有失球，虽然仅输了一场，但暴露出来的防守问题可能会让球队在赛季中后期吃大亏。于是，拉涅利承诺队员，如果球队能零封对手，他就请大家吃披萨。这个简单的承诺，不仅极大地减缓了队员们的心理压力，而且调动了大家的积极性。拉涅利还做出了一个大胆的战术调整，将法国铁腰坎特放在了球队的后腰位置，将原本首发的两个边后卫全部替换成防守更好的球员，放弃了中场的控制权，着重防守，强调快速反击，这样的战术也将伴随着莱斯特城队整个赛季。于是，一场得分风暴开始了。前14轮取得27分，本来在联赛中没有什么存在感的莱斯特城队，悄无声息地站在了积分榜第二的位置上，完成保级任务可以说没有悬念了。

接下来的赛程才是真正的考验。在新年之前，莱斯特城队要连续面对曼联、切尔西、埃弗顿、利物浦、曼城等强队。就当球迷普遍认为，莱斯特城队该回到他原本位置的时候，他们的表现却让人大吃一惊，他们连胜热刺队、埃弗顿队，战平曼城队，在连续面对强敌的情况下，依然能从对手的手上将分数拿下，射手瓦尔迪更是创造了连续 11 场破门的纪录。凭此，他们也锁定了圣诞冠军，这是莱斯特城队新的历史，意义巨大。主帅拉涅利依然沉得住气，面对记者的提问，他强调球队的赛季目标还是保级。

联赛下半段开始后，莱斯特城队开局便战胜热刺队，但随后的几场比赛，球员们的状态似乎有了些微妙的变化，他们的疲劳一眼可见，反击也不如之前犀利，主力球员无法得到好的休息调整，媒体们预测的伤病潮流似乎来临了。但随着足总杯输给热刺队，莱斯特城队全军一心，当对手还在为欧冠、杯赛疲于奔命的时候，他们早已将自己的全部精力集中到了联赛中。接下来又先后战胜利物浦、曼城这样的强队，莱斯特城队将士们信心大涨，再次呈现出如虹的气势。此时，拉涅利终于改口了，他们的目标指向了那座曾经遥不可及的巴克莱杯。

此后，士气大振的莱斯特城队将士们势如破竹，所向披靡。9 轮联赛 7 胜 2 平，将 23 分收入囊中。犀利的反击、坚固的防守让对手无法打开局面，反而一个不小心便会让莱斯特城队抓住机会，一剑封喉。这一段疯狂的抢分大战，让全世界的目光慢慢投向这支上赛季还在联赛末尾苦苦挣扎的鱼腩球队。或许是对命运不公的反抗，或许是渴望奇迹的出现，无数的球迷心里都希望这支球队能坚持下去。莱斯特城队的表现仿佛在向全世界宣告，只要你有不屈的意志和坚定的信念，普通人也有机会完成逆袭。

联赛35轮战罢，莱斯特城队领先第二名的热刺队7分，这意味着最后三场只要胜一场便可以获得冠军。第36轮面对曼联，在上半场即将结束前被打进一球，比分一直持续到比赛末尾，当球迷们认为这场比赛要颗粒无收的时候，那个曾被"退货"的肥胖队长摩根接到德林克沃特的传中将球顶进网窝。虽然摩根的表现一直以来没有那么亮眼，但在球队最需要他的时候，他站了出来。这时候，全世界的目光转移到了热刺队和切尔西队的比赛当中，如果热刺队不能获胜，那么莱斯特城队将提前两轮获得冠军。奇迹出现了！也许是同为"蓝属性"的韧性，"蓝军"切尔西队在落后两球的情况下，连追两球，直接将热刺队从通往联赛冠军

莱斯特城队夺冠

的阶梯上拉了下来,亲手将"蓝狐军团"莱斯特城队推上了王座。全世界的球迷沸腾了!莱斯特城沸腾了!"蓝狐"将士们喜极而泣!一支上赛季的保级球队,却在这个赛季举起了巴克莱杯,历史性地夺得了英超冠军,这是发生在足坛的最美童话。

TUANDUI HEZUO
硝烟中的彩虹
2007年亚洲杯冠军伊拉克男足

　　有人曾说："足球，是和平时代的战争，是战争时代的寄托。"也许战乱可以摧毁一个国家，但永远不可能动摇人们心中对于美好事物的向往和坚定的信念。伊拉克国家足球队用实际行动，向全世界诠释了对尊严的渴望以及对祖国的热爱。足球比赛的胜利，让伊拉克人民看到了战争之外更多的生活希望。

  2003年3月20日，英美军队为主的联合部队以伊拉克藏有大规模杀伤性武器和恐怖分子为由，绕开联合国安理会，单方面对伊拉克实施军事打击，直到2011年12月18日，这场战争才以美国撤军宣告结束。八年多的战乱持续威胁着伊拉克这个国家的存亡。2007年，伊拉克人经历了开战以来最艰难的一年，外部打压和内部冲突让这个国家四分五裂。但即便在这样恶劣的国内形势下，伊拉克足球带给国家的精神力量依旧没有被枪林弹雨击碎，在2007年的亚洲杯上，伊拉克男足以黑马之姿夺得了这个国家历史上第一个也是迄今为止唯一一个亚洲杯冠军。

  2007年亚洲杯由印度尼西亚、马来西亚、泰国和越南四个国家共同承办。在那届比赛开始之前，甚至没有人觉得伊拉克队可以从小组中出线，因为那时候的伊拉克政局动荡，接受采访的球员表示："我们一边训练，牛和羊就在一边吃草。有的时候，我们没控制好方向和力量，不小心把球踢远了，就惊得牛群、羊群四处逃散。"这已经是那时候伊拉克国家队最好的训练环境，在大部分情况下，他们要根据国内形势，避开轰炸区选择训练场地。

  即使这样的训练也不是所有人都可以参加的。由于战乱，那届亚洲杯大名单中的23名球员直到正式比赛的前一天才第一次完成集训。然而更棘手的是这23名球员信奉不同的宗教，宗教的冲突导致国家队内部也分成了四个派系，派系之间的关系极其紧张，在友谊赛中甚至出现了各派系球员间互相不传球的现象。

  这些还不是阻挡伊拉克国家队前进的所有障碍。在比赛开始

伊拉克队出征亚洲杯的首发11人

  之前,伊拉克国家队的球衣球鞋都不统一,大名单中的球员在训练赛中甚至无法每人凑齐一套完整的球衣。伊拉克政府更是拿不出球队参赛的路费,球员只能自己出钱前往比赛场地。就是在这种内忧外患的情况下,伊拉克球员最终放下偏见,团结一致,以告慰支离破碎的祖国,为这个奄奄一息的祖国打一剂强心针。结果证明,他们的努力没有白费。

  小组赛首轮,伊拉克队被实力不强的泰国队逼平,这个开局似乎印证了外界对于这个球队的预期。在小组赛的第二轮,伊拉克队以3∶1战胜了夺冠热门澳大利亚队,并在最后一轮逼平阿曼队,力压澳大利亚队以小组第一的成绩出线。之后的比赛里,伊拉克队在1/4决赛中2∶0击败越南队,半决赛的点球大战中4∶3击败韩国队,晋级决赛。但在这几场比赛进行过程中,伊拉克国内的形势依然不容乐观,球队的理疗师在取药的过程中被汽车炸弹炸死;战胜越南队的当晚,首都巴格达有3人在庆祝活动中因流弹袭击身亡；点球大战击败韩国队后，庆祝人群遭遇2个恐怖分子的袭击，导致60人死亡，这样的悲剧也只是其国内形势的一个缩影。

在决赛开始之前，为了避免恐怖分子借比赛氛围再次造成平民的伤亡，有部分伊拉克球员一度准备放弃比赛。在这样的环境下，伊拉克国民选择成为球员最有力的后盾。无数民众站出来声援国家队，这一举动让情绪陷入低谷的伊拉克球员重新燃起了斗志，球员萨迪尔坦言道："这无疑是一个很重要的转折，此后一切都改变了！"伊拉克的普通民众成了球场上的"第12人"。上天仿佛也眷顾着众志成城的伊拉克人，在面对实力更强、呼声更高的夺冠热门沙特队时，伊拉克队在坚守了72分钟后，凭借尤尼斯的头球破门，以1∶0击败沙特阿拉伯队，问鼎亚洲杯。比赛结束后，打进制胜一球的伊拉克队长尤尼斯已经无法控制自己的情绪，对着澳大利亚SBS电视台的话筒喊道："我要把这个进球送给布什！希望美国人离开我的祖国。"

伊拉克队夺冠后，在巴格达的街头，枪声不再是战争的预兆，而是伊拉克军民在为他们的英雄呐喊，在为他们的英雄鸣枪献礼。在巴格达的萨德尔城，妇女向聚集在一起的球迷撒糖果，并向人群中浇水。巴格达、纳杰夫、基尔库克、埃尔比勒等地都出现了球迷

伊拉克儿童在街头踢球

们自发的庆祝活动，球迷们在街头哭泣、跳舞、挥动衬衣，互相拥抱。伊拉克国家足球队的媒体官员塔布拉在采访时说道："这是我们首次夺冠，这是伊拉克足球和所有伊拉克人民最伟大的时刻。每座城市都有数十万人在庆祝，我的家人说，这让人无法相信，人们不知道该做什么，他们喜极而泣。"球队主帅维埃拉也在采访中表示："这一胜利对于伊拉克人民来说是最重要的，而不是对我或我的履历（而言）。我将永远不会忘记它，因为它是一个特别环境中的一个特例。你给一个国家带来了快乐，而不是一支球队，这很重要。"

"国破山河在"，在被炮弹摧毁的废墟上，在布满弹片的球场上，这头"美索不达米亚雄狮"的怒吼在2007年震惊了世界足坛。他们没有精良的装备，没有科学的训练方法，甚至没有一块完整的球场，但是凭借他们的血性和对祖国的赤诚之心，队员们化干戈为玉帛，在最差的条件下踢出了最完美的比赛。战争让伊拉克支离破碎，但是足球又把他们团结在一起。在球场上，队员们代表的不仅是个人，更代表着全国的各个民族，代表着希望战争早日结束的伊拉克国民，代表着伊拉克的希望。

TUANDUI HEZUO
工人、草根、荣辱与共的家

西汉姆联与厄普顿公园球场

> 构筑"家"、捍卫"家"的团队合作,孕育了一家工人俱乐部,滋养了一代又一代球员和球迷,同欢乐、共甘苦,不离不弃。很普通,却很珍贵。这便是足球带给这个世界的最宝贵财富。

　　当今是个体主义盛行的年代，而在足球世界里，精诚合作、团队至上却是走向荣誉之巅的不二法门。团队合作在足球世界有时是整体配合，当前英超流行的高压逼抢式的团队配合便是最为典型的代表，将11名球员在球场上打造为运转良好、掌控全局的王者之师；有时也是球队整体的勠力同心、精诚团结，即球星、年轻球员、教练员、后勤人员和管理人员共担风雨、携手共进。2022年的阿根廷队便是如此，在卡塔尔世界杯第一场比赛失利的情况下，球队上下团结一心，一举赢下了剩下的所有比赛，最终捧起了大力神杯。赛后，球队后勤人员与球王梅西拥抱在一起，阿根廷足协主席塔皮亚颁奖时也是难掩激动之情，这一幕幕场景印证着足球场上胜利的真谛——唯有团队合作方能致胜。

　　不过，在以竞争为核心的职业足坛，还存在一种重点突出构筑"家"、捍卫"家"的团队精神，即形成一种有着归属感、荣誉感和集体感的"家文化"。伦敦工业区的一家"草根"俱乐部——西汉姆联足球俱乐部就是构筑这种特殊团队精神的代表。

　　西汉姆联虽然没有足够的实力来匹配"豪门"二字，但却称得上是一家拥有百年历史和深厚传统底蕴的俱乐部。球队的主场厄普顿公园球场便是其历史和传统的见证。自1904年起，厄普顿公园球场便成为西汉姆联的主场，直至2016年厄普顿公园球场正式退役，整整陪伴了自家球队和球迷112年，光荣完成了自己的使命。厄普顿公园球场是一座承载了无数回忆的老球场，陪伴球员和球迷一起经历了球队的辉煌和低落，在起起伏伏中与球

厄普顿公园球场的特有风景——球迷们吹起的泡泡雨

队共担风雨、共享荣光,已成为球迷心中的"足球圣地"。不过,据称厄普顿公园并非球场的正式名字,而是球迷对其的俗称,博林球场才是它的正式名字,因为在早期建设球场时,俱乐部从教会租借了博林城堡和周边的场地。厄普顿公园球场不仅是球队的陪伴,也是英国足球百年发展和变迁历程的见证者。2016年厄普顿公园球场正式退役后,球队搬到了"伦敦碗",但"搬家"必然意味着风险,意味着球员和球迷需要重新适应"新家"。不得不说的是,在搬入"伦敦碗"的最初阶段,球迷在情感上出现了不接受和不适应的症状,因为在"搬家"后,球队的成绩出现下滑,比如曾经在一个赛季的开始阶段,球队遭遇了三连败。球队如此糟糕的表现让球迷开始怀念曾经的厄普顿公园。甚至在一次媒体的问卷调查中,有38%的受访者对俱乐部搬离厄普顿公园球场这一举措表示很遗憾。球迷的遗憾表达和球队的糟糕表现,更能彰显出厄普顿公园球场在球员和球迷心中的地位是很难被取而代之的。虽然新球场更现代化、更能增加收入,但对西汉姆联的球员和球迷而言，在厄普顿公园球场他们才能真真切切地获得家的感觉。

厄普顿公园球场的百年历程见证了球队最辉煌的时刻。博比·摩尔便是西汉姆联辉煌时期的缔造者和精神领袖。他曾帮助西汉姆联夺得过1964年足总杯和1965年欧洲优胜者杯冠军，并且在1966年世界杯上，摩尔作为英格兰队的队长成功举起了"三狮军团"的唯一一座世界杯冠军奖杯，至今仍是英格兰足球的伟大壮举。这也是西汉姆联对英格兰足球最伟大的贡献，所以提起博比·摩尔的名字，人们的反应便是他是英格兰最伟大的队长、世界上最好的防守球员。此外，世界杯历史上唯一一个在决赛中上演帽子戏法的赫斯特与另一位冠军成员彼得斯，均来自西汉姆

西汉姆联的"冠军"雕像

百岁高龄的梅布尔·阿尔诺德

联。因此,球队为了铭记这几位伟大的球员,特意树立起一座名为"冠军"的雕像。西汉姆联鼎盛时期的厄普顿公园球场气氛异常火爆,甚至需要通过军警来维持秩序,一度出现过一票难求的场面,有些买不到球票的球迷只能透过门缝看球。这些伟大的球员凭借团队精神赢得至高荣誉,也成为西汉姆联深厚历史底蕴的组成部分。

广泛且雄厚的球迷基础也是西汉姆联"家文化"的重要支撑。比如俱乐部的队歌《我永远在吹泡泡》便是球迷文化的典型代表,据说这首百老汇风格的歌曲成为俱乐部的队歌,与一名叫威尔·默雷的小男孩有关。于是,漫天飘散的泡泡雨与《我永远在吹泡泡》的歌声成为厄普顿公园球场特有的风景。在球队搬进"伦敦碗"球场前的最后一场比赛,即厄普顿公园球场的告别之战上,炫目的灯光中,《我永远在吹泡泡》的歌声最后一次回荡在厄普顿公园球场的每一个角落。而厄普顿公园球场外的博林酒吧也承载了很多俱乐部忠实球迷的回忆。比如,开赛之前,球迷们往往会在酒吧点上一份传统的伦敦套餐;而赢球之后,西汉姆联的拥护者们又会聚集在这里开怀畅饮。并且,球队背后有着深厚的工人文化,因为球队刚开始的时候选择在东伦敦的重工业区建队,而球队的队徽也由铁锤组成,这奠定了球队的草根特色,球队也被球迷们乐称为"铁锤帮"。最值得称赞的是,西汉姆联有着老"铁锤帮"忠实球迷几十年的不离不弃,百岁高龄的梅布尔·阿尔诺德老奶奶便是球迷这份不离不弃的典型代表。在 80 多年的时间里,老奶奶观看了西汉姆联近两千场比赛,见证了球队的起起伏伏和风雨沧桑。

这种构筑"家"、捍卫"家"的团队合作,有着百年球场的风雨同舟,有着辉煌且深厚的文化积淀,有着不离不弃、始终相伴的球迷文化。这便是西汉姆联这家工人俱乐部所体现出的团队精神。

个人拼搏

人最大的乐趣在于不断挑战自我，通过奋斗去实现理想，人生才会更精彩，生活才会更充实。

- 徐根宝十年磨一剑
- 梅西与命运抗争的故事
- 无所不能的C罗
- 双料队魂菲利普·拉姆
- 至情至真的伊布拉西莫维奇
- 世界杯新星里沙利松的逆袭之路
- 伊朗"国门"贝兰万德的逐梦之路
- 世界足球小姐玛塔

GEREN PINBO
缔造"中国的曼联"

徐根宝十年磨一剑

　　老骥伏枥,志在千里。徐根宝被尊称为"中国足球教父",根宝模式已经成为中国足球的一段佳话,它反映的是徐根宝满怀对中国足球事业的坚定信念,耐得住寂寞、沉得下心来,十余年如一日,扎根基层,埋头耕耘,不计得失,不计回报,为国家培养优秀足球后备人才的精神,体现了中国老一辈足球人的责任与担当!致敬老帅!

　　徐根宝，上海人，生于1944年。年少的徐根宝酷爱足球，在老上海的弄堂里开始了自己的足球生涯，显现出超越常人的足球天赋。他凭借刻苦的训练和硬朗的球风，先后入选静安区少体校、南京军区足球队、八一足球队，22岁成为国家足球队的一员，后又担任国家队队长，开启了长达九年的国家队生涯。1972年，在与阿尔巴尼亚足球队比赛结束后，周恩来总理亲切接见了参赛运动员，并特别鼓励大家刻苦训练、顽强拼搏、为国争光。同年11月10日，徐根宝加入中国共产党，成为一名光荣的党员。

2000年9月根宝基地全体教练员、运动员合影

1975年徐根宝结束了运动员生涯，转型担任足球教练。曾任山西省足球队、云南省足球队、国家二队以及多支职业足球俱乐部队主教练。徐根宝不断创新训练理念和训练方法，大幅提高球队的训练水平和战斗力。提出"防守抢逼围、进攻接传转"的战术思想，前场开始就对球进行拦截，全场高压逼抢，形成了"速度快、爆发力强、激流勇进"的球风，先后率领上海申花、大连万达足球队夺得甲A联赛冠军、超霸杯冠军、亚俱杯亚军等。1993年率领国奥队征战奥运会预选赛时，更是留下"横下一条心，一定要出线"的豪言壮语。

　　正当全国球迷期待徐根宝在职业联赛中再创佳绩之时，他却做出了一个令所有人大吃一惊的决定：扎根崇明岛，培养足球苗子，十年磨一剑！徐根宝拒绝职业俱乐部高薪聘请，远离媒体的聚光灯，选择了与上海市区一江之隔的崇明岛，用他的话讲就是要缔造一支中国的曼联，培养世界级球星。另一种近乎诗意的解释是：十年磨一剑，不敢试锋芒；再磨十年剑，泰山不可挡。

　　彼时的崇明岛虽有"东海明珠"之称，生态环境良好，空气清新，但基础设施落后，与上海市区之间交通也不便利，人员来往只能靠乘轮船摆渡。与热闹的大上海相比，这里显得十分冷清。然而，这并不是徐根宝遇到的最大困难，资金问题曾让他寝食难安，甚至一度打起了退堂鼓。原来徐根宝计划用于建足球基地的土地，对方直接开出4000万元的天价费用，他东拼西凑，也只有800万元的预算，千万巨款到哪里找呢？搞足球的人都知道，青少年足球培训的特点是周期长、投入大、回报小。面对前途未卜的青训，徐根宝辗转反侧，难以入眠。最终，心中的足球梦想让徐根宝以壮士断腕的魄力和破釜沉舟的勇气下定决心搞好这个基地。他先投入了800万元，又借了2000多万元贷款，甚至还养了一条小狗也取名叫"曼联"，只为提醒自己和队员不忘初心。

根宝基地的元老教练们

　　2000年的六一儿童节是一个值得铭记的日子，崇明根宝基地终于奠基了。俗话说，万事开头难。徐根宝面临的首要问题是如何让基地正常运转下去。球员每人每月仅收600元，可谓杯水车薪。基地投入巨大，千万元贷款，每年利息就高达150万元，再加上教练员、工作人员的工资，把徐根宝压得喘不过气来。于是他在基地内盖了一个三星级宾馆，靠宾馆的收入维持基地的日常开支。日后，徐根宝回忆道："基地当时就靠那个宾馆来维持，用宾馆来养这帮小孩，所以我那时候要'三陪'——陪人家照相，陪人家喝酒吃饭，陪人家聊天，还要拉生意。"他还要监督球员，不能浪费一滴水、一度电，俨然成了一位账房先生。创业之初的艰难由此可见一斑。

　　徐根宝不易，球员亦不易。根宝足球基地位于崇明岛中部，比邻国家森林公园，到了夏天，潮湿闷热，蚊虫众多且非常凶猛，球员被咬得满身"蚊子包"是家常便饭。比蚊虫更可怕的是枯燥的训练生活，球员每天7点多起床，然后是早饭、上午训练、午餐、下午训练、晚餐、休息……平时不许玩手机，抽烟喝酒是明令禁止的。用徐根宝的话来说，就是一年365天，天天没什么两样。有的球员难以忍受，晚上熄灯后悄悄爬墙溜了出去，第二天徐根宝就把球员家长叫来，把孩子领回去，自此无人敢越雷池半步。实际上，徐根宝选择偏僻的崇明岛实施封闭管理，就是为了减少干扰，让队员们收起心来，专心训练比赛。

　　徐根宝高度重视小球员的思想政治教育。每个星期，他都会给小球员上课，对他们进行思想教育。他反复强调："你们首先是为自己踢球奋斗。但是，你们更是为上海这座城市、为中国足球冲出亚洲走向世界而奋斗。作为一名中国球员，永远不能忘记顽强拼搏、团结协作、为国争光的使命。"他时刻向年轻队员宣讲为国争光的使命感和荣誉感，帮助小球员树立正确的世界观、人生观、价值观。若干年后，谢晖曾回忆道："确实（徐指导）把我当时身上不好的东西纠正了，其实我25岁以后，到了国外才真正职业起来，但是我20岁的时候如果没有徐指导的管教，我真的会放纵自己，可能也没有今天的成绩。"

　　优秀的教练员才能培养出优秀的运动员。为了培养世界级球星，徐根宝精心挑选了思想觉悟高、业务能力强，且具有丰富青少年足球培训经验的杨礼敏、沈志强、王仲春、章冠兴等高水平教练员组成强大的教练员团队，为小球员健全人格的形成、足球技战术水平的提高奠定了坚实的基础。教练组秉承"做好人、读好书、踢好球"的理念，全面关心球员的健康成长。在生活中，加强爱国主义教育，鼓励球员不畏强敌、顽强拼搏，帮助球员树立远大理想。在训练中，坚持科学训练，严格要求，精益求精。日复一日，年复一年，小球员在教练组的悉心关怀和严格要求下健康成长，球技得到了飞速提高，逐步走向了全国赛场。

　　2005年，根宝基地和东亚集团合作，成立了上海东亚足球俱乐部，徐根宝担任俱乐部主席。为了更好地锻炼队伍，提高实战能力，2006年，东亚足球俱乐部组队参加中国足球协会乙级联赛，当时俱乐部大部分球员只有17岁，是所有参赛球队中平均年龄最小的。刚开始的时候，上海东亚队的条件非常艰苦。球队做客云南丽江，只能从上海坐4天火车到昆明，再转乘10个小时的大巴到丽江，第二天就比赛，比赛结束后再辗转返回上海，艰苦的条件磨练了球员吃苦耐劳的品格和团结拼搏的意志品质。2007年，上海东亚队以小打大，夺得了中乙联赛全国冠军，晋级中甲联赛。同年，东亚足球俱乐部和上海市体育局达成协议，球队将代表上海征战未来的全运会足球比赛。而在中甲苦苦打磨了5个赛季之后，这支球队终于在2012年杀入了中超联赛。

经过十年磨一剑的坚持，根宝基地终于结出了丰硕的果实。2009年，在根宝基地成立的第10个年头，他的弟子们代表上海在第11届全运会上过关斩将，勇夺男子足球甲组全国冠军。赛后，队员们把一块块沉甸甸的金牌挂在恩师的脖子上齐声高喊："谢谢师父！"然后将徐根宝抛向空中。徐根宝"十年磨剑"的承诺，经过不懈的努力终于变成了现实。徐根宝不仅为上海足球收获了金牌，同时也收获了口碑。中国足球名宿容志行在看台上惊呼："你们不是上海

根宝手把手辅导小球员

的足球队，你们是中国的足球队。全中国如果都像你们这么踢球，水平早就上去了。"而徐根宝，也成为球员心中的恩师和慈父。

根宝基地大厅里悬挂的"足球明星的摇篮，走向世界的希望"这条标语正逐步变成现实。截至2022年底，根宝崇明足球基地已经向中超足球俱乐部输送70多名优秀球员，武磊、张琳芃、颜骏凌、曹赟定等人已经成为国家男子足球队的中坚力量。在卡塔尔世界杯亚洲区预选赛中国队与澳大利亚队的比赛中，首发的11名队员中，除了4名归化球员，其他7名本土球员中，竟然有5人来自根宝基地，他们是武磊、颜骏凌、张琳芃、王燊超、朱辰杰。2023年农历大年初二，徐根宝迎来了80岁大寿。我们在感恩老帅的同时，更期待根宝精神的延续，期待更多接班人的出现！

GEREN PINBO
从侏儒症患者到一代球王

梅西与命运抗争的故事

> 孟子曰:"天将降大任于是人也,必先苦其心志,劳其筋骨,饿其体肤,空乏其身,行拂乱其所为,所以动心忍性,增益其所不能。"古今中外,凡成大事者,必定要经历艰苦的考验、命运的磨难,只有那些胸怀坚定信念、明确奋斗目标、不向困难妥协、不向命运低头、永不言弃、永远拼搏的人,才能实现心中的梦想,成为生命的强者!

如果要评选出一位 21 世纪迄今最伟大的足球运动员，候选人可能会有很多，但最终的获胜者必定非利昂内尔·梅西（Lionel Messi）莫属。截至 2022 年底，梅西已获得 6 次欧洲金靴奖、7 次世界足球先生称号、7 次金球奖、8 次西甲金靴奖……这一串串惊人的数字记录了他前无古人的卓越，更造就了后来者难以企及的伟大！在这巨大成就的背后，是梅西不为人知的为足球而生、与命运抗衡的坚毅与果敢！

1987 年 6 月 24 日，梅西出生于阿根廷罗萨里奥一个贫穷的家庭，梅西的父母育有 4 个儿女，他排行第三。由于父亲是业余

颁奖典礼上的梅西

球队兼职教练，梅西从小就接触足球，并表现出惊人的天赋。他速度极快，协调性、灵敏性俱佳，对足球的控制力远远超过同龄的孩子。但他个头矮小，教练还因此怀疑过他的能力。梅西的外婆却无条件信任他，梅西6岁时，外婆送给他一双球鞋，并告诉他："你听好了，你会成为世界上最棒的足球运动员！"直至今日，每次进球后，梅西总会做出双手指天的标志性动作，以此告慰外婆的在天之灵。

当然梅西高超的足球技术并不是与生俱来的。自从与足球相遇以后，梅西就球不离脚，他那超人的技术和超强的球感都是日复一日磨练出来的。1994年，7岁的梅西成为纽维尔老男孩俱乐部少年队的一员，在这里他接受了专业的足球训练，展示出无与伦比的足球天赋，在球场上没有人能够防住他，大家都认为梅西会是未来的超级巨星。

就在小梅西足球之路越走越好之时，传来了一个晴天霹雳般的噩耗，几乎断送了他的足球生涯——1998年，梅西被诊断出发育荷尔蒙缺乏，也就是"生长激素分泌不足症"，俗称"侏儒症"。这就解释了为什么11岁的梅西身高却仅有132厘米，比同龄的孩子足足矮了一头。从医学的角度来看，这个病其实并不难治，只要在生长期按时注射生长激素就可以保证身高的正常增长，但每月近1000美元的治疗费用让原本就不富裕的家庭背上了沉重的负担。

梅西的父亲后来接受采访时说："阿根廷拥有世界上最好的牛肉和最好的奶酪，但它们不属于我们。梅西是吃着土豆和胡萝卜长大的，是喝完没有油沫的汤后去踢球的，但他比谁都懂事！我永远都不会忘记我们拿到诊断结果的那一天，当时天气很冷，我们站在街上，梅西面无表情，显得异常冷静。我知道，梅西比谁都清楚，家里没有任何能力为他治疗。"面对巨大的打击，梅

童年时期的梅西

西却异常坚毅地说:"谁说身高1.4米就不能成为球王了?足球就是我的生命!"

从这一天起,梅西的父亲拿出家里所有积蓄为梅西注射生长激素。但是父母微薄的收入,无法负担长期为梅西注射生长激素。仅仅坚持了两年,随着父亲的失业,家里再也无力支付梅西的治疗费用,于是父亲向梅西所在的足球俱乐部求助,然而俱乐部不愿为一个前途未卜的孩子支付这笔费用。一度看好梅西的河床队在得知他患病的消息后,也打消了挖他的念头,一时间没有球队愿意要梅西。

面对重大变故,梅西处变不惊,依然坚守着心中的梦想。他更加勤奋刻苦地练球,不知疲倦地奔跑在球场上,他说:"我必须用足球证明,我不是被抛弃的那一个!"机会总是留给那些有准备的人,梅西在足球方面展示出的卓越天赋终于被球探发现,巴塞罗那足球俱乐部(昵称巴萨)发来了试训邀请。巴塞罗那队时任技术总监雷克萨奇发现了梅西超出常人的足球天赋和他稚嫩的脸庞、瘦小的身躯背后那颗无比坚毅的心。2000年12月14日，在一家餐厅，巴萨的技术总监雷克萨奇为了将梅西留住，急切地在一张餐巾纸上草拟合同，签下了13岁的梅西。这是一份长达12年的工作合约，其中注明俱乐部会竭尽全力为梅西治病。当时谁也没有想到，就是这张"餐巾纸合约"，为诺坎普迎来了他的国王，造就了巴塞罗那足球俱乐部20年的辉煌。

当时梅西的骨骺线已经闭合，很难再长高，但巴萨俱乐部不计成本为梅西提供最好的治疗，专门请专家为梅西制定了一系列腿部训练方法，帮助梅西腿部生长。在巴萨俱乐部的帮助下，梅西一边接受治疗一边更加刻苦地训练。2003年，16岁的梅西终于长到了170厘米，虽然这一身高在众多足球运动员中仍显低矮，但是对于"足球天才"梅西来说，他的球王晋级道路上已经没有任何命运的阻碍了。2004年，17岁的梅西迎来了他的巴萨一线队正式比赛首秀，在对阵皇家西班牙人的比赛中作为替补登上赛

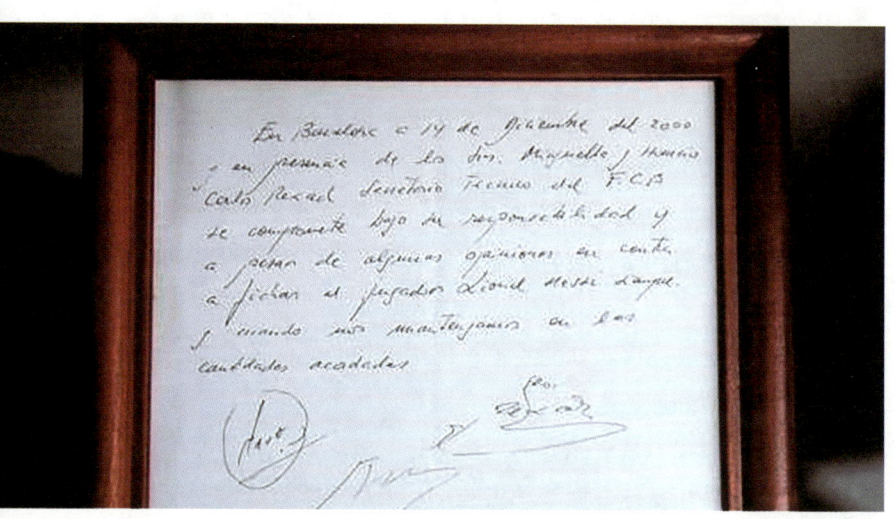

著名的"餐巾纸合约"

场，向全世界展现了一个足球少年的天赋异禀。因为出色的表现，仅一年后，梅西就被火速提拔至巴萨俱乐部一线队。

在此后的岁月中，那个曾经差点被命运抛弃的孩子光芒四射，给我们带来了无数经典的比赛。面对围堵，他单刀直入，无人可挡；他的射门不可思议，角度刁钻；无与伦比的帽子戏法，一人力挽狂澜，他的荣誉数不胜数，他的职业成就很可能会让后人难以企及。人们喜欢梅西，不仅仅因为他出神入化的球技，更因为他禀赋出众，却比普通人更加努力；因为他与命运抗争，才赢得了伟大的人生；因为他对足球纯粹的热爱，哪怕遭到恶意犯规，也会迅速爬起来，不骂对手不找裁判，只为踢球，从不抱怨。

2021年11月，梅西第七次荣膺金球奖，早已拿奖拿到手软的他却抑制不住眼中的热泪。足球是他的至爱，是他的信仰，为了足球，梅西拼搏了20多年，他重视每一场比赛，珍惜每一次机会。当全世界球迷为梅西的每个进球而呐喊，为梅西的每次捧杯而欢呼的时候，似乎已经忘记了他曾经是一个普通、贫穷又身患侏儒症的孩子。

在率领阿根廷队夺得2022年卡塔尔世界杯冠军后，梅西首次公开袒露心声，如果能够和当年青涩的自己进行一次对话，梅西想告诉初到巴萨的自己："你将有一段非常美丽的职业生涯，必须克服艰难的时刻，永远不要放弃梦想，因为你会有一个幸福的结局，就像一部电影一样。"

GEREN PINBO
从马德拉岛到足球之巅

无所不能的 C 罗

C 罗是一个从小地方一步步走向世界足球之巅的足球运动员，一次次不断的锤炼，让一个热爱足球的球员变成了一代传奇。央视解说孙思辰在 C 罗泪别世界杯之后说道："我们要送别这一位认真、勤勉、自律，甚至偏执到近乎变态的球员，这是这个星球最好的球员之一。只有体面的告别、衷心的祝福，才是我们对这位 5 届金球奖得主的最好送别。"

从葡萄牙国内联赛起步，到曼联的王子，到伯纳乌之王，再到尤文图斯的英雄，如今又远走沙特联赛，38 岁"高龄"依旧在足球场上续写属于自己的传奇，他被誉为足球史上最全能的前锋，职业生涯创造了诸多经典时刻，他就是足坛"绝代双骄"之——克里斯蒂亚诺·罗纳尔多（Cristiano Ronaldo dos Santos Aveiro，简称 C 罗）。

1985 年 2 月 5 日，C 罗出生于葡萄牙马德拉岛丰沙尔。C 罗的父母没有固定收入，父亲还因为参军导致了不可治愈的心理创伤，酗酒度日，整个家庭只能靠 C 罗的母亲和未满 17 岁的哥哥、姐姐的收入来补足家用。

少年 C 罗

艰苦的生活条件和马德拉岛崎岖不平的地面都无法阻止童年C罗对足球的热爱。在狭窄崎岖的街道上，他和小伙伴用两块石头当门柱，有时没有足球，就用塑料瓶或者废纸捏成的纸团代替。街道上时常有车经过，孩子们就要移开石头，等车过去后接着踢。狭小的空间造就了C罗卓越的过人技巧，他经常带球过掉每个人，大家都叫他"面条"。踢完球后，小伙伴们都离开了，C罗还要跑到空地上，一个人对着墙练习抽射，一练就是几个小时。

1991年，6岁的C罗成为马德拉当地一家业余足球俱乐部的一员，他的父亲在这家俱乐部担任设备管理员。由于他出色的表现，10岁时又被当地的职业俱乐部——马德拉国民足球俱乐部引入，成为该俱乐部青训队里的明星。12岁时，C罗获得了一个前往葡萄牙里斯本竞技队试训的机会。试训期间C罗所展现出的足球天赋，让里斯本竞技队决定以1500英镑的费用签下他。C罗从马德拉岛搬到里斯本，加入了里斯本竞技青年队。16岁时，C罗被里斯本竞技队主教练从青年队提拔到一线队，获得了一个展现足球才华的更大舞台。C罗代表里斯本竞技队仅出场了26场正式比赛，他优异的表现被当时的曼联主帅弗格森相中，弗格森以1224万英镑的高价从里斯本竞技队签下了C罗。2003年8月，C罗正式加盟曼联，他由此成为当时英国足球史上身价最高的青年球员。

来到曼联的第一个赛季，C罗在联赛中为曼联出场29次，其中15场次首发，场均时间53分钟，取得了4个进球、4次助攻的成绩。后面的赛季，C罗获得了更多的出场机会，第四个赛季，C罗已经成了曼联不可或缺的球员。2006—2007年赛季，C罗为曼联出场34次，打入了31个进球并送出了7次助攻，那个赛季C罗也帮助曼联赢得了英超冠军。2007—2008年赛季，C罗再次帮助曼联夺得英超冠军，并且在欧洲足球的最高舞台——欧洲冠

C罗的标志性庆祝动作

军联赛中,迎来了他个人的辉煌时刻。在决赛中,他攻入一球,帮助曼联战胜切尔西,捧起了欧冠奖杯。那一年,C罗还荣获了世界足球先生和金球奖双料荣誉。

  但正值辉煌的C罗并没有满足于曼联的现状,继续追逐更大的舞台和更多的机会。2009年,C罗以创纪录的9400万欧元的身价加盟皇家马德里足球俱乐部(简称皇马)。在这里,他的职业生涯迎来了巅峰。在接下来的9个赛季中,C罗带领皇马赢得了4个欧冠冠军、2个西甲冠军和2个国王杯冠军。与此同时,C罗个人成绩也相当惊人。在2011—2012年赛季,他单赛季在各项俱乐部赛事中打入61球。2014年,他成为欧洲冠军联赛历史上第一位单赛季进球达到17个的球员。在皇马的九年时间,他共为球队打进451球,成为皇马历史上进球最多的球员。

  2018年,正值当打之年的"伯纳乌之王"决定不再和皇家马德里足球俱乐部续约，转而以1.17亿欧元的转会费加盟意甲豪门尤文图斯足球俱乐部，这个事件的热度甚至超过了四年一届的世界杯，C罗离开的原因也是众说纷纭。

远赴意大利意味着C罗将面临新的环境和挑战。然而，在尤文图斯，他的表现依然十分出色，很快就成为球队的进攻核心。首个赛季，C罗带领尤文图斯完成了意甲冠军的卫冕，个人则贡献了21粒联赛进球。在接下来的两个赛季里，C罗分别代表尤文图斯足球俱乐部攻入31粒和29粒联赛进球。同样，在欧冠赛场，C罗继续保持高水平的进球效率，2019年，C罗在欧洲冠军联赛1/8决赛中上演帽子戏法，帮助球队逆转战胜马德里竞技队晋级八强。尽管在C罗加盟的三年间，尤文图斯从未问鼎欧洲足球之巅，但他的表现依然精彩。

2020—2021年赛季结束后，尽管C罗的个人表现足够亮眼，但尤文图斯足球俱乐部仅取得联赛第四名的成绩。此时尤文图斯管理层开始考虑着力培养年轻一代球员，C罗经过再三斟酌，重新回到了梦开始的地方——曼联，但这次回归并没有想象得那样美好。

由于年龄的增长以及竞技状态的波动，C罗的能力受到了主教练的质疑，多次在比赛关键时刻被提前换下，赛季的后半程更是被放在了替补席上。对于一身傲骨的天才来说，这种情况是他不能接受的，再加上外界媒体的煽风点火，C罗很快就和主教练以及曼联的管理层闹翻了。这次回归以美好开头，却以破碎收场。

随着2022年卡塔尔世界杯的落幕，37岁的C罗选择暂别欧洲足坛，离开仅仅效力了一个赛季的曼联队，以5亿欧元的年薪加盟沙特的利雅得胜利队。虽然C罗已经38岁，但在沙特联赛依旧拥有强劲的竞争力。

除了在俱乐部取得辉煌成绩，C罗在国家队层面也为葡萄牙

C罗帮助葡萄牙队捧起欧洲杯

足球书写了辉煌的篇章。作为葡萄牙足球的领军人物,他带领国家队在2016年欧洲杯赛上夺冠,为葡萄牙赢得了历史上第一个大赛冠军。2019年,他又带领葡萄牙队夺得了首届欧洲国家联赛的冠军。

截至2023年3月24日,C罗代表葡萄牙队出战197场比赛,成为男足国家队历史出场数第一人;同时他连续20年为国家队取得进球,更是无人能及。C罗职业生涯在国家队正式比赛(非友谊赛)中攻入100粒进球,成为男足历史上第一位完成此成就的球员。

C罗的足球生涯是充满荣誉和传奇的,他5次获得世界足球先生称号,5次荣膺金球奖,4次获得欧洲金靴,8次入选欧洲足球先生,他的成就已经载入史册。也许有一天,我们无法再看到C罗在场上奔袭和庆祝的身影,但在这个众星拱月的时代,C罗已经用勤勉和自律发出了最闪耀的光亮。

GEREN PINBO
德国足球的旗帜

双料队魂菲利普·拉姆

　　拉姆能在欧洲高人林立的舞台中凭借自己的努力、智慧、技术和能力占有一席之地，成为全世界球迷的偶像，原因就在于他对足球的执着，在于他对足球的理解，在于他对梦想的追求。拉姆向我们证明，客观因素固然是成就事业的重要条件，但主观努力却更具决定性。

在德国足球历史上，涌现过无数天才球员：前场"轰炸机"盖德·穆勒、中场"发动机"马特乌斯、坐镇后场的"足球皇帝"贝肯·鲍尔、世界第一个"门卫"的曼努埃尔·诺伊尔……无数的星光点亮了德国足球的历史。不过，有一位球员虽然没有如此熠熠星光，但他用不遗余力的奔跑和坚韧不拔的意志，在德国足球历史上镌刻下属于自己的传奇印记，他就是德国国家队和拜仁

拉姆（左）首次代表拜仁慕尼黑队出场

慕尼黑队的双料队长——菲利普·拉姆（Philipp Lahm）。

1983年11月11日，菲利普·拉姆出生于巴伐利亚州首府慕尼黑。拉姆成长于一个足球世家，他的母亲是当地一家小俱乐部——盖恩足球俱乐部的青训主管，父亲是这家俱乐部的球员。耳濡目染之下，6岁的拉姆便进入盖恩俱乐部。在那里，年幼瘦弱的拉姆展现出了超越常人的足球天赋，并且得到了当地两家大球队拜仁慕尼黑队和慕尼黑1860队球探的青睐，尽管这两家俱乐部都有兴趣签下这位天才少年，但当时的拉姆并没有转会的意愿，而是选择继续留在盖恩。

1995年，12岁的拉姆开始考虑自己的职业生涯规划。当时的拜仁慕尼黑队并没有现在这般辉煌，反而是现在落寞的慕尼黑1860队有着更丰富的资源，但在和家人深入沟通之后，拉姆决定加盟拜仁慕尼黑足球俱乐部，拉开了自己传奇职业生涯的帷幕。刚加入拜仁慕尼黑青训营的拉姆身体能力十分欠缺，在身体对抗激烈的欧洲，他这种瘦小的身材很难取得优势，但足球场上除了身体素质，更重要的是拥有一颗高球商的大脑，拉姆正是这种球员。在青训营中，他学会了扬长避短，将自身的技术打磨得更加细腻，将自身的速度提升到极致，正是这种历练造就了之后拉姆辉煌的职业生涯。

经过七年的青训历练，拉姆通过自己不懈的努力，终于在2002—2003年赛季的欧冠小组赛中第一次代表拜仁慕尼黑一线队出场。由于当时球队的主力后卫比森特·利扎拉祖如日中天，年轻的拉姆难以凭借自身的实力撼动他的位置，此时的拉姆选择暂时离开效力近10年的拜仁慕尼黑队，租借来到斯图加特队以获得更长的出场时间。

斯图加特队当时的主帅费利克斯·马加特被称为"魔鬼教练"，他以高强度的体能训练著称，这一训练方式对于刻苦的拉姆来说

坚毅不倒的队魂拉姆

是一剂"苦口良药",他在马加特麾下取得了不可思议的进步。同时拉姆在马加特的帮助下开始尝试当时世界上鲜有的逆足边后卫,这种改变并不容易,但他仅仅用了三场比赛便征服了所有人,并且很快坐上了首发边后卫的位置,成为一名左右边路通吃的全能后卫。

两年后,租借期满的拉姆回到了拜仁慕尼黑队,不幸的是在一次训练中,他遭遇了前十字韧带撕裂,这导致他缺席了2005—2006年赛季前几个月的德甲赛事。但这次严重的伤病并没有影响拉姆的职业生涯进程,2005年12月,伤愈复出的拉姆完成了他回归拜仁的处子秀,并且很快取代了老将利扎拉祖的主力位置。2011—2012年赛季,随着主教练马克·范博梅尔的离开,已是德国国家队队长的拉姆无可争议地成为拜仁慕尼黑队队长,这使得拉姆也成为继奥利弗·卡恩之后的又一位双料队长。2017年,在拜仁慕尼黑队与沃尔夫斯堡队的德国杯1/8决赛结束后,拉姆宣布正式退役。

在效力拜仁慕尼黑队期间，拉姆拥有过无数的高光时刻，但有一场失利的比赛却被所有球迷铭记心中。2011—2012年赛季欧冠决赛，拜仁慕尼黑队在家门口迎战"蓝军"切尔西队，德甲巨人踌躇满志，势必要拿下这座唾手可得的大耳朵杯。但命运总是爱捉弄世人，拜仁慕尼黑队在比赛中取得了压倒性的优势，在最后时刻却因为罗本罚失点球，被切尔西队的德罗巴头球绝杀，在自己的主场输掉了比赛。难以接受失利结局的拜仁慕尼黑队球员在比赛结束之后瘫倒在草皮上，唯有队长拉姆，拖着早已疲惫不堪且略显单薄的身体，发挥着队魂的作用，不断安慰着绝望的队友，并将他们从草皮上一一拉起，完成比赛最后的仪式。

虽然拉姆取得的荣誉不计其数，但他的国家队生涯并没有像他的俱乐部生涯那样一帆风顺。拉姆的国家队生涯开始于德国足球的低谷期，1998—2004年，德国足球在世界足坛始终举步维艰，总是在淘汰赛一开始就败下阵来，但拉姆就是这团迷雾中的第一缕阳光。

德国足球的复兴始于2006年在德国本土举办的世界杯，在那之前，人们看到了改变却迟迟看不到成果。在拉姆伤愈复出参加的第一场国家队热身赛里，德国队在佛罗伦萨1∶4惨败给意大利队。气愤的德国媒体把德国队球员头像做成了一张意大利披萨饼，隐喻球员们就像香肠土豆一样被轻易"吃掉"，拉姆还被比喻成了菠萝，媒体说他太甜蜜不够凶狠。拉姆面对的打击还不止于此，离世界杯开赛还有三周时，拉姆却在与业余球队卢肯瓦尔德队的一场训练赛中意外摔伤了左臂，为了赶上世界杯，拉姆选择进行手术治疗，但再好的医疗条件都很难在这么短时间内完全治愈一条严重受伤的手臂。

直到2006年德国世界杯开幕盛典的表演结束，拉姆缠着绷

拉姆带领德国队捧得大力神杯

带的手臂才通过检查，拉姆被允许上场参赛。在电视转播的揭幕战中，拉姆的护臂并不易被察觉，因为在队友们都选择了短袖球衣的时候，拉姆用一件长袖球衣遮住了队医为他定做的护臂，只有在拼抢时可以看得出他的胳膊明显有伤。但在那天被世人铭记的只有那一粒金子般的进球。那场比赛中，他攻进了2006年世界杯的第一粒进球。进球后，拉姆想跑向教练席，因为他想去拥抱球队的理疗师，是他让自己赶上了世界杯。但由于是在比赛中，他只能伸出一个大拇指向自己的理疗师表达感激之情。那年夏天，德国的童话始于拉姆的进球，始于希望。德国队的表现彻底让球迷和媒体摒弃了嘲讽和不安，转而对拉姆、对施魏因施泰格、对波多尔斯基等几位年轻小将进行持续褒奖，整个德国都相信下一任领袖一定会从他们中间诞生。虽然那届世界杯德国人并没有捧回大力神杯，但星星之火已经由以拉姆为代表的年轻一代球员点燃。这一代球员也没有让德国球迷失望，在2014年世界杯上，拉姆以队长的身份终于让德国球衣绣上了第四颗冠军星。

GEREN PINBO

痴情不改
助 AC 米兰重现辉煌

至情至真的伊布拉西莫维奇

伊布用最纯粹的足球传递着爱和快乐,让我们在这个机械的工业生产和消费社会中,得到精神和心灵的滋养,这也是足球运动给予现代人的馈赠。

  北京时间 2019 年 12 月 28 日凌晨，意大利 AC 米兰足球俱乐部正式宣布，38 岁的兹拉坦·伊布拉西莫维奇（Zlantan Ibrahimović）回归球队。由此开启了一个关于回归、拯救和热爱的足球故事。

伊布回归

■ **伊布效应**

作为38岁的老将，伊布几乎以"救世主"的身份回归AC米兰，随即在队内产生"伊布效应"。伊布曾说过："我来AC米兰不是当吉祥物的，我来这里的目的是帮助米兰回到属于他的位置。"在伊布回归之前，AC米兰取得的成绩让人失望。当时联赛已进行了17轮，球队仅仅拿到21个联赛积分。而且在17轮的比赛中，球队只打进16球，场均进球数不到1个。在伊布回归前球队的最后一场比赛中，AC米兰甚至以0：5惨败于亚特兰大，整个球队完全没有展现出强队应有的气质和和过去的豪门风范。可以说，当时的AC米兰已到风雨飘摇之际，球队前路未卜。

伊布回归后，AC米兰在竞技状态和作风上展现出与之前完全不同的表现，最直观显著的便是球队进球数和胜利场次的增加。AC米兰在伊布回归后的连续6场比赛中，取得了5场胜利，并成功打进13球。可见伊布回归对于AC米兰绝对是一场及时雨。更让人称赞的是，伊布效应绝非昙花一现，AC米兰在那个赛季后续21轮比赛中，场均进球数和积分都有了显著提高，比伊布回归前的数据几乎都翻了一倍。更为人津津乐道的是，在伊布带领下，AC米兰强势逆袭赛季冠军尤文图斯（当时C罗还在尤文队中），不仅扭转了对阵尤文图斯六连败的尴尬记录，而且在队史上留下精彩的一笔。那一夜之后，人们大呼：曾经强大的AC米兰王朝又回来了。

而伊布自己也展现出冠军球员的气质和能力。在回归后的半个多赛季中，伊布在18场联赛中，16次首发，打进10球，助攻5次，并且在赛后的多项数据中都有着极好的发挥和表现，让人不得不心生敬畏，因为这是一位38岁球员交出的成绩单。伊布恰似强大的助推器，在不到半年的时间内，让AC米兰发生了质的改变，扭转了世俗和媒体看待AC米兰的方式，让联赛对手感到危险和恐惧。在那个赛季结束时，伊布甚至豪言："如果赛季开始那天我就在这里，我们本可以赢下意甲冠军。"不过 AC 米兰在那个动荡赛季以 66 个联赛积分，成功拿到欧联杯资格，已是非常不错的战绩，这意味着前方更伟大的功绩和壮举。

■ 必胜精神

在经历了一个动荡的赛季后，伊布与 AC 米兰携手开启了他们的冠军征程。在 2020—2021 年赛季，伊布在意甲出场 19 次，攻入 15 球，更惊艳的是，伊布给出了连续 6 场意甲比赛踢出 10 个进球的漂亮数据。在该赛季，39 岁的伊布成为 AC 米兰的头号射手，青年军 AC 米兰在伊布的带领下延续了上赛季后半赛程的火热状态，踢出了跨赛季 27 轮不败的优秀战绩，在与都灵队的比赛中以 7：0 的胜绩创造了该赛季意甲赛场上的最悬殊比分。AC 米兰曾长时间占据积分榜头把交椅，并以 43 积分一举夺得联赛半程冠军。无奈由于球队后劲不足，遭同城死敌逆袭，遗憾错失联赛冠军。时隔七年，球队以第二名的身份重返欧冠赛场，曙光就在不远的前方，球队在狂飙之路上向着意甲冠军的目标进发。

对于伊布而言，证明自己价值的方式就是帮助球队夺取意甲冠军。随着米兰双雄的崛起，尤文图斯垄断意甲冠军的局面画上休止符，让意甲终于换了一种颜色。此时 AC 米兰阵容中早已没有很多超级巨星，球迷在赛季初也不敢奢望平均年龄不到 25 岁的球队能够夺取意甲冠军。要想站上顶峰，就必须付出一切。AC 米兰确实付出了一切，伊布也确实付出了一切。伊布曾言："我们必须准备好为胜利付出一切，一定要有一种必胜的精神。"或许正是这种愿意付出一切的必胜精神，让 AC 米兰在 2021—2022 年赛季的后半程，实现对卫冕冠军国际米兰的强势逆袭，成功夺取球队阔别 11 年的意甲冠军。伊布成功兑现当初回归 AC 米兰时的承诺——把AC米兰带回属于他的位置。

尽管在回归的第二个完整赛季里，伊布仍是球队锋线的关键球员，为球队出场22次，打入8粒进球，在队内位列得分第三名，但已近40岁的伊布不得不长时间面对伤病的侵袭和折磨。在球队夺冠的最后征程中，也是最关键的几个月里，伊布每天与左膝伤病作斗争："关于左膝伤病，我在6个月里每周接受一次治疗，每天吃止痛药，一共打了20多次针。半年时间里，我几乎没睡过一个好觉。这是我在球场内外从没体验过的痛苦。"为了能参加比赛，伊布每周都要抽一次膝盖积液，这种痛苦没有顽强的意志力是很难扛过去的，这样的经历已远超常人的认知。"伊布在

AC米兰夺得2021—2022年赛季意甲冠军

没有韧带的情况下打了 6 个月的比赛，我认为他不是人类，"AC 米兰跟队记者赞叹道，"兹拉坦是决心和意志力的完美象征。"对伊布而言，只要还有肾上腺素，他就会继续前进。也正因如此，在 41 岁时，伊布同 AC 米兰重新站到意甲之巅，让"整个意大利都属于 AC 米兰"！

■ 至情至真

谁能想到一位已退出欧洲顶级赛场的老将能够有机会重新回归，谁又能想到这样的老将能够带领无经验的青年军在不到三年的时间内强势夺取意甲冠军。一个团队的胜利，绝非某一个人的贡献，但不可否认的是，AC 米兰的成长离不开伊布的回归。伊布认为自己"无极限"，这样的"无极限"源自他对足球本身的深深热爱。对伊布而言，足球代表着一切，伊布将足球称为"最好的朋友"，并且虔诚地、一丝不苟地、疯狂地在日常训练和生活中践行他的热爱。伊布曾言："在生活中，你需要时刻追求更多。一个自我满足的人会躺在沙发上休息，这不是我想要的，我时刻准备着赴汤蹈火。只有这样，我才能感觉到自己活着。百分之百满意？不，我依然想要更多。"因此，伊布带着百分之二百的态度投入训练，严格规范着自己的作息、营养摄取和生活习惯，使自己每天处于最好的状态。伊布不仅对自己要求严格，也希望队友在训练场上都能发挥出最好的自己，正因如此，从伊布身上，队友们得到激励与力量。"伊布让我明白，对球员来说，每一天可以做多少事情，每一天都对我们在球场内外的成长至关重要。"一位青年球员说道。

什么样的球员是最好的球员？至少在伊布看来，好的球员对自己有着强大的自我认同并永不满足地突破自己，而且对足球有着赤诚的热爱。伊布对足球的至情至真，推动他始终前进，永无

AC 米兰为伊布庆生

止境地追求卓越。也正是这份至情至真,让伊布能客观中正地看待足球职业和足球生涯,不会因为冠军的荣誉而高看自己,也不会因无缘金球奖而否定自我。而 AC 米兰,让这个出道 20 多年、效力过 9 家俱乐部的"浪子"伊布有了家的归属感。

GEREN PINBO
宝剑锋从磨砺出

世界杯新星里沙利松的逆袭之路

  作家冰心曾写道:"成功的花,人们只惊美她现时的明艳!然而当初她的芽儿,浸透了奋斗的泪泉,洒遍了牺牲的血雨。"里沙利松这样一个出生于贫民窟的不幸少年,面对各种挫折与诱惑,从未动摇自己的信念,始终心怀希望,追逐梦想,最终用自己不懈的努力和奋斗改变了命运。就像他成名后回忆的那样:"我小时候的许多朋友不是坐了牢,就是惨死街头,如果没有足球,我的下场也不会和他们有太大差别,是足球让我走上了正确的道路。"现在的青少年朋友更不应该自暴自弃,而要向里沙利松学习,选择正确的人生方向并为之不懈努力。

　　在 2022 年卡塔尔世界杯小组赛首轮比赛中，巴西队 2∶0 完胜塞尔维亚队，取得小组赛开门红。本场比赛中巴西队的两粒进球都来自身披 9 号战袍的年轻球员里沙利松·德·安德拉德（Richarlison de Andrade），他一度被戏称为巴西"最弱 9 号"，因为曾经的巴西 9 号可是大名鼎鼎的"外星人"罗纳尔多。不过，里沙利松世界杯首秀独中两元也向世人证明了自己的实力，尤其是他精彩绝伦的第二粒倒钩射门更是惊艳四座，堪称一记世界波。世界杯结束后，这粒倒钩射门进球也被国际足联评选为卡塔尔世界杯最佳进球。但与他惊艳的进球相比，出生于巴西贫民窟的里沙利松经受的成长磨砺更令人惊叹，他的逆袭人生足以励志每一个心怀梦想、砥砺奋斗的年轻人。

　　1997 年 5 月 10 日，里沙利松出生于巴西新韦内西亚市的一个贫民家庭，他的父亲是个石匠，母亲是个冰激淋小贩。里沙利松很小的时候，他的父母就离异了。他和四个兄弟姐妹一起与母亲住在一个极为简陋的屋子里，为了生计，他的母亲每天要四处奔波挣钱养家。尽管贫民窟的生活很艰辛，但幸运的是，里沙利松的父亲和叔叔都是当地知名的业余球员，这让里沙利松从小就接受了足球启蒙，足球也给他贫苦的童年生活带去了快乐。为了鼓励里沙利松踢好球，将来能成为像罗纳尔迪尼奥、内马尔那样从贫民窟走出去的球星，在他 7 岁时，手头并不宽裕的父亲一次性给他买了 10 个足球。在父亲和叔叔的支持鼓励下，懂事的里沙利松从小就立志要成为一名职业球员，这样可以尽快挣钱贴补

里沙利松在 2022 年卡塔尔世界杯比赛中的倒钩射门

家用。不过，这一过程却充满艰辛和坎坷。

少年时，里沙利松在当地一支名叫皇家诺罗塞特的球队接受训练。球队的训练场地距离里沙利松家比较远，来回只能坐巴士。由于付不起巴士费，里沙利松在球队训练期间只好住在离训练场地更近的叔叔家。穷人的孩子早当家，里沙利松从 11 岁起，在球队不训练时，白天就走街串巷卖糖果和冰激凌，晚上则去家附近的洗车店打工挣钱，下班后经常累到无法动弹。除此之外，他还要抽时间去爷爷的农场帮忙采咖啡豆。里沙利松后来回忆这段经历时说："我不得不这样做，因为每个人都要尽其所能，这样才能实现我做足球运动员的梦想。"

即便生活如此艰难，里沙利松也从未动摇过要成为职业球员的决心。当时巴西很多贫民窟中毒品泛滥，一些青少年被毒贩所利用，在街区兜售毒品，尽管这是一条赚钱的捷径，但里沙利松

里沙利松接受采访的画面

却守住了自己的底线,从未染指毒品。这得益于父母的教诲和引导,让他从小就有了正确的价值观,他希望通过正当的途径挣钱养家、实现梦想。

生活在贫民窟的里沙利松除了抵制过贩卖毒品赚快钱的蛊惑,还曾险些命丧毒贩枪下。在他14岁那年的一天,他像往常一样,和朋友去熟悉的街区踢球。在路上,毒贩误认为他要利用踢球为借口在自己的地盘上倒卖毒品,于是就用枪指着他的头,扬言要杀掉他。里沙利松后来回忆道:"我非常害怕,如果他扣动扳机或者意外走火,那我的一切都完了。虽然后来他放过了我,但是他说如果再见到我的话,将会毫不犹豫地杀掉我。"这件事之后,里沙利松更加坚定了要通过足球来改变命运的想法。

在接下来的几年中,里沙利松到处去试训,却不断碰壁,他曾对记者说,拒绝过他的球队足足有两位数。在他的不懈努力和坚持下,机会终于来了。在一次训练时,17岁的里沙利松被一位叫雷纳托·贝拉斯科的足球经纪人发现并引荐给了距家600公里远的一支巴西乙级联赛球队——米内罗美洲俱乐部青年队。尽管里沙利松当时的所有积蓄仅够买一张去球队的单程车票,但他毅然决然地决定前往球队,因为他知道这可能是他成为职业球员的最后机会。就这样,2014年,17岁的里沙利松花光自己的所有积蓄,带着从童年好友佩德罗·伊曼纽尔那里借来的球鞋,踏上了前往米内罗美洲俱乐部的试训之路。

在这次自断后路、"不成功便成仁"的试训中，17岁的里沙利松使出了浑身本领，用自己的表现征服了球队的教练和管理层，最终顺利加入了米内罗美洲俱乐部青年队。在青年队踢了11场球后，里沙利松就凭借自己的实力升入一线队。18岁时，里沙利松与米内罗美洲俱乐部签下了他人生中的第一份职业球员合约，他的足球梦想成真了。懂事的里沙利松

身披英超劲旅热刺队战袍的里沙利松

在签约时向俱乐部提出了一个额外条件，希望球队给他父亲找一间房子，让父亲能有一个更舒适的居住环境。

　　与青少年时期艰辛坎坷的磨砺相比，里沙利松成为职业球员后事业发展顺风顺水，在巴西国内仅仅踢了两年职业联赛，他就在2017年以1240万欧元的转会费加盟英超沃特福德足球俱乐部，成功登陆世界顶级联赛。2018年，21岁的里沙利松又顺利入选巴西国家队，成为全家人的骄傲。2022年，他因出众的能力被英超劲旅托特纳姆热刺足球俱乐部签下，登上了职业生涯的又一座高峰。2022年卡塔尔世界杯上的完美首秀，更是让这位巴西新星名声大噪，成为无数青年的励志偶像。

GEREN PINBO

放羊娃闪耀世界杯赛场

伊朗"国门"贝兰万德的逐梦之路

家庭的贫困、童年的艰辛、父亲的反对都没能让心中拥有一个足球梦的贝兰万德屈服,逐梦路上的辛酸和挫折也没能让拥有强大而坚定信念的贝兰万德放弃。经历过风雨才会见彩虹,贝兰万德的坚持和努力让他实现了自己的梦想。每一个梦想都值得我们为之全身心地努力和付出,每一个追逐梦想的人也都值得我们尊敬!

2022年卡塔尔世界杯开幕第二天，英格兰队和伊朗队的小组赛如期而至。比赛开始不久，伊朗门将阿里雷扎·贝兰万德（Alireza Beiranvand）出击救险时与回防的队友相撞，贝兰万德受伤倒地不起，这一突发状况让现场和观看直播的全世界球迷都为之揪心。经过近10分钟的医疗处理后，不想放弃比赛的贝兰万德再次站到了伊朗队的球门前，但仅过了几分钟，他就因伤势严重无法坚持比赛而主动做出了换人的手势，随后被担架抬离球场，他的卡塔尔世界杯之旅就此结束，他也成为卡塔尔世界杯首位因伤退赛的球员。贝兰万德因被撞得肿胀的鼻子和受伤后坚持比赛的精神让观看比赛的球迷记住了他，但对于贝兰万德坚持比赛的行为，前英格兰国脚耶纳斯却表达了担忧："贝兰万德受伤后坚持比赛的做法并不明智，这样的碰撞很容易造成脑震荡从而诱发痴呆。"不过对于伊朗队来说，贝兰万德就是球队后防线上的"定海神针"，这也正是他受伤后要坚

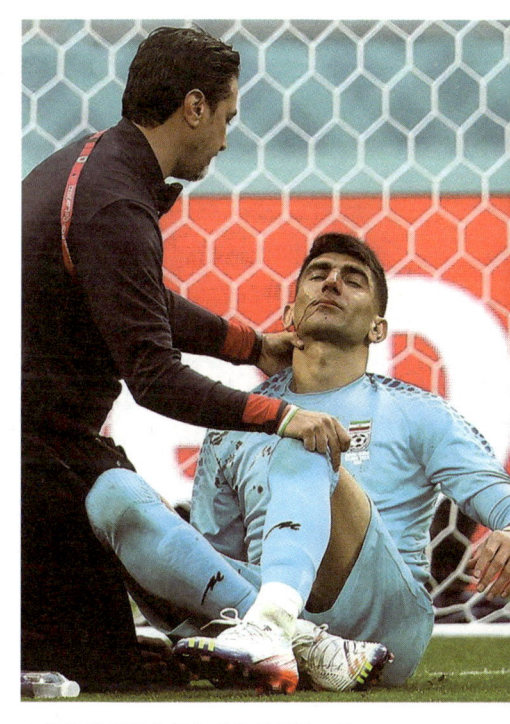

卡塔尔世界杯赛场上受伤的贝兰万德

少年时期的贝兰万德

持比赛的原因。

熟悉伊朗队的球迷都知道贝兰万德对于伊朗队的重要性，在2018年俄罗斯世界杯上，正是贝兰万德的高接低挡，帮助伊朗队在小组赛中战胜摩洛哥队、战平葡萄牙队、0∶1小负西班牙队，尤其是在对阵葡萄牙队的比赛中，贝兰万德更是扑出了C罗的点球，为伊朗队逼平葡萄牙队立了大功。可谁又能想到，扑出天王巨星C罗点球的这位伊朗队门将曾经竟是一个放羊娃，他为了追逐自己的足球梦想背井离乡、风餐露宿，历经坎坷，用坚持与努力书写了一段精彩的励志故事。

贝兰万德1992年出生于伊朗西部洛雷斯坦省霍拉马巴德郡的一个游牧民族家庭，一年之中他们一家总是会随着季节和气候的变化四处迁徙，为牛羊寻找肥沃的草地。贝兰万德家庭贫困，他又是家里的长子，因此，为了生计，他从小就帮家里放羊。闲暇时他会和小伙伴一起踢踢足球，这也算他艰辛的少年生活中最惬意的事情了。贝兰万德12岁那年，他们一家决定在萨拉比亚斯定居，贝兰万德终于有机会在当地的足球俱乐部接受训练。贝兰万德身材高大，最初在球队中踢的是前锋位置，但有一次球队的门将受伤，他临时客串门将，结果表现抢眼，教练就此让他担任守门员。接受训练后不久，贝兰万德就决心做一名职业球员。但是，他的父亲反对他踢球，父亲认为踢足球不能维生，希望贝兰万德能成为一名产业工人。贝兰万德后来回忆道："我爸爸不喜欢足球，他叫我去工作，有几次他甚至撕烂了我的球衣和手套，我只能光着手去守门。"

但铁了心要做足球运动员的贝兰万德不想顺从父亲的意愿,为了追寻自己的足球梦,12岁的贝兰万德决定离家出走,去首都德黑兰寻找踢球的机会。于是他私下向亲戚借了些钱,买了张去德黑兰的大巴车票。非常幸运的是,贝兰万德在去往德黑兰的大巴上遇到了一位叫侯赛因·费兹的足球教练。费兹是德黑兰一家足球俱乐部的教练,通过攀谈,费兹答应让贝兰万德来他的俱乐部试训,但试训期间要交费。家里贫困又是私自离家的贝兰万德根本没有钱交试训费,所以到德黑兰后他只能一边打工挣钱,一边在俱乐部试训。在德黑兰找份工作不难,但要找一份能够提供住宿的工作就不容易。贝兰万德初到德黑兰经常因为没有地方睡觉而露宿街头,有一次他睡在了俱乐部门口,第二天醒来时发现面前有几个硬币。贝兰万德回忆道:"他们当我是乞丐!但我没在意,那天我拿着硬币吃了顿美味的早餐。"后来,费兹免去了贝兰万德的试训费,并将他留在了俱乐部的梯队,还让球队的队长帮助他,贝兰万德在一个队友的家中住了两周后,终于在另一个队友父亲开设的制衣厂找到了一份可以在厂房过夜的工作。

就这样,贝兰万德在德黑兰逐渐安定了下来,他在打工养活自己的同时坚持训练,为了生计,洗车店、披萨店等很多地方都留下过他工作的身影。因为他的身高优势,他在洗车店专洗高大的越野车。有一次,伊朗传奇球星阿里·代伊来到他工作的洗车店洗车。贝兰万德的同事鼓励他上前打招呼并问问看有没有机会,但贝兰万德没有那样做,他说:"我知道如果我去找阿里·代伊聊聊,他肯定会帮我一把,但我不好意思把我的处境告诉他。"尽管贝兰万德每天接受高强度的足球训练后还要打工挣钱,但他最终还是坚持了下来。16岁时,他被德黑兰石油俱乐部U23梯队教练招入球队,开始接受更加专业的训练。在俱乐部U23梯队训练期间，年少的贝兰万德违反了球队的纪律，擅自跟随其他球队训练还受了伤，结果被俱乐部U23梯队解雇。于是贝兰万德联系了德黑兰的另一支球队Homa足球俱乐部，但Homa俱乐部的教练不愿意为他开出合约。就在贝兰万德为自己的出路焦头烂额之际，德黑兰石油俱乐部U23梯队的教练给他打了一个电话："要是还没跟其他球队签约，就回来吧。"贝兰万德抓住了这次机会，从此开始了他一路高光的职业生涯。贝兰万德说："或许这就是命运，Homa的主帅不想要我，我又回到德黑兰石油俱乐部，如果我留在Homa，可能永远无法达到今日的水平。"

2010年，贝兰万德升入德黑兰石油俱乐部的一线队，同年还入选了伊朗国青队。2015年亚洲杯上，他已然成为伊朗国家队的

俄罗斯世界杯小组赛中贝兰万德扑出C罗点球

主力门将。2016年10月,在俄罗斯世界杯预选赛对阵韩国队的比赛中,他的一次超远手抛球距离达61.26米,赛后还获得了吉尼斯世界纪录认证,他拥有超群臂力的手臂也被球迷冠以"麒麟臂"的美誉。他的这项绝技其实源于艰苦的童年放牧经历,小时候一起放羊的小伙伴在放羊时都会玩一个叫作"Dal Paran"的游戏,玩法就是比谁投掷的石块距离最远,没想到这个小游戏成了他最早的手抛球"训练"。

从偏僻山区的放羊娃,到闪耀世界杯赛场的球星,逆袭的辛酸只有贝兰万德自己知道。他曾这样总结自己的经历:"为了我的梦想,我遭受了很多苦难。不过,我绝不会忘记那些苦难,因为正是那些年的苦难,造就了现在的我。"这就是贝兰万德的心底独白,也是他对待困境的人生态度。或许,贝兰万德的经历很好地阐释了那句话:那些打不倒我的,只会让我变得更强大。

GERENPINBO
改变世俗偏见 促进女足发展

世界足球小姐玛塔

> 我们往往只看到一只鹰如何冲上云霄，却忽略了它在低空蓄力时的全力以赴。想在足球运动中闯出一片属于自己的天地，都要历经千难万险，更何况在发展相对迟缓的女足运动中。但玛塔还是通过足球让自己的人生绽放出了别样的光彩，引导这一切的也许只能用"热爱"来解释。因为热爱，她才有勇气面对质疑和嘲讽、迷茫和未知。

　　她在球场上速度快、力量足、盘带华丽、控球出色、作风顽强、敢打敢拼；她代表巴西队获得了2004年雅典奥运会女足比赛亚军、2007年中国女足世界杯亚军和2008年北京奥运会女足亚军；她在2006—2018年，先后6次被国际足联评选为世界足球小姐，是迄今获此殊荣次数最多且是唯一一位连续五年（2006—2010）蝉联该荣誉的女足球员；她在职业生涯中还获得过2次金球奖和1次金靴奖，取得了女足历史上最伟大的成就，被誉为"穿着裙

玛塔和她的6座国际足联最佳女子球员奖杯

子的贝利",她就是巴西女足第一攻击手玛塔·维埃拉·达·席尔瓦(Marta Vieira da Silva)。

1986年2月19日,玛塔出生于巴西阿拉戈斯州双河镇,因为家境贫寒,玛塔没有在医院里出生,也没有出生证明;更为不幸的是,玛塔的父亲在她一岁的时候就抛弃了家庭,全家都靠在城里当清洁工的母亲养活。都说穷人的孩子早当家,懂事的玛塔从很小的时候就开始帮母亲赚钱养家,靠卖冰棍和捡破烂给自己买了人生第一条运动短裤。玛塔很喜欢踢球,当她告诉母亲自己想成为一名足球运动员时,母亲却提醒道:"玛塔,你是一个女孩子。"即使在足球王国巴西,人们也不认为足球是一项适合女性的运动。1941—1979年,巴西女性在球场上踢球甚至是违法的。虽然这项法令后来被废除,但这种观念却是根深蒂固的,玛塔要面临的歧视和压力可想而知。玛塔童年时期代表自己的小学球队参赛时,她时常是球场上乃至整个赛事中唯一的女孩。青少年时期玛塔踢了几年街头足球后,便进了当地的一支五人制足球队,她也是队中唯一的女性,因此经常会遭受一些男生的嘲笑。14岁时,玛塔收到了一份改变她人生的邀请——去里约热内卢的瓦斯科·达伽马足球俱乐部试训。于是她坐上一辆破旧的面包车,踏上了追梦之旅,并且成功入选该俱乐部的女足青年队。

接受正规足球训练的玛塔进步飞快,在2002年加拿大女足世青赛中,16岁的玛塔技惊四座,打入6球夺得赛事银球奖。后来,由于缺少资金支持,达伽马女足宣布倒闭,玛塔辗转加盟了另一支巴西的老牌劲旅桑托斯足球俱乐部的女足队,成为内马尔的俱乐部队友。然而桑托斯俱乐部为了将更多资金用于男足的发展,后来也停止了对女足的运营。俱乐部主席说:"桑托斯的目标是持续经营上百年的职业足球,女队只有在条件允许时,才会存在。"不得已,她又加盟了巴西的圣克鲁斯足球俱乐部,在那里她的工资只有 200 雷亚尔，约合人民币 700 元左右。即便如此，玛塔仍将部分工资寄回家，帮助家人维持艰难的生计。

在 2003 年女足世界杯上，玛塔向全世界展示了她无与伦比的足球才华。她以娴熟的盘带、细腻的脚法和大力的射门大杀四方，惊艳世界。球王贝利在看完玛塔的比赛后，忍不住亲自打来电话，称赞她是"穿着裙子的贝利"。凭借在这届世界杯上的出色表现，2004 年瑞典劲旅于默奥足球俱乐部向她抛出了橄榄枝，并成功将其引进。18 岁的玛塔首次离开常年炎热的巴西来到瑞典，起初她对北欧冰天雪地的环境分外不适，但很快就以完美的发挥征服了新东家。加盟于默奥俱乐部的第二年，玛塔就帮助球队赢得了女足欧冠和瑞典超级杯。此后四年，她又帮助球队实现了瑞典女足联赛四连冠的壮举。

虽然国际足联长期致力于推动男足、女足均衡发展，但世俗的偏见和现实的差距让女子足球运动的发展举步维艰，即使是获得世界女足小姐称号的玛塔，其职业生涯也艰难多舛。2010 年，玛塔加盟美国洛杉矶太阳队时，包括篮球巨星科比在内的一众明星前来欢迎她，场面空前热闹。但令人尴尬的是，不久洛杉矶太阳队就宣布解散了，原因是女足运动无法给股东们带来满意的收益。玛塔不得不转投圣塔可拉拉金色荣耀队，但这支美国大联盟球队也很快沦落到解散的境地。2017 年，玛塔又加盟了美国奥兰多俱乐部。据统计，玛塔先后效力过 10 家足球俱乐部，但其中的 6 家已经不复存在了，甚至连曾经效力的多个联赛都没有了。与绝大多数职业男足球员相比，玛塔的职业生涯真可谓颠沛流离。

职业生涯多舛的玛塔倍加珍惜来之不易的踢球机会，她曾动情地说："你应该对胜利有更强的饥渴感，你应该乐于进行更多的训练，你应该对自己更加在意。"因为在这个本就不公的世界里，要想获得生存、赢得尊重，首先不能被人击倒。而玛塔的人

效力于瑞典于默奥队的玛塔（后排右一）

生和她在女足运动领域里的奋斗，可以说是这种优秀品质和卓越人格的生动写照。

玛塔用一己之力，改变了整个巴西对女足运动的偏见。当她2006年首次被评为世界足球小姐后回到家乡时，当地政府出动了消防车，载着玛塔游行，受到了家乡人民的夹道欢迎。2016年里约奥运会期间，巴西女足所到之处更是人群熙攘，球迷甚至打出了这样的横幅："我们从未亲眼见到贝利踢球，但我们会一直见证玛塔。"

当今女子足球运动不断发展壮大，需要更多像玛塔这样的殿堂级人物来引领前行。2022年4月，在著名的诺坎普体育场，91648名观众现场观看女足欧冠半决赛，创造了女足比赛现场观众人数之最，这也许就是对以玛塔为代表的所有女足球员们不懈努力的最好回报吧！

公平竞赛

无规矩不成方圆，有敬畏才知行止。足球竞赛的公平公正是足球运动健康有序发展的基石。公平竞赛原则是体育竞赛的内在要求，也是奥林匹克精神的重要内核和一切体育比赛都必须坚持的原则。

- 国际足联公平竞赛十项准则解读
- "志行风格"光耀神州
- "光头裁判"科利纳的铁骨柔情
- 福勒放弃点球
- 克洛泽场上场下践行体育精神
- 利兹联队主帅贝尔萨诠释公平竞赛真谛
- 倡导公平竞赛精神

GONGPING JINGSAI
第一运动之本真要义

国际足联公平竞赛十项准则解读

"公与平者,即国之基址也。"公平是社会稳定和良好发展的重要基础,追求公平是人类与生俱来的天性。足球运动承载着人类追求公平的精神寄托和美好愿望,因此,公平竞赛是足球运动发展的内在要求,也是体育精神的重要内核。每个足球人都应积极响应和贯彻国际足联公平竞赛十项准则,共同维护足球运动的公平、公正、诚信和纯洁。

竞技体育良好发展的基础是公平,公平是一切体育竞赛的底色。国际足联一贯提倡并致力全球范围内推动公平竞赛,以确保足球这项世界第一运动的健康发展。足球公平竞赛不仅体现在赛场上,还延伸至赛场外。赛场上,公平竞赛表现为所有球员遵守和尊重规则,尊重对手、尊重观众、服从裁判,所有裁判秉公执法、爱护球员;赛场外,公平竞赛意味着尽可能为所有人创造平等、公正的足球参与机会,消除客观上的差距,同时抵制暴力、歧视等不良行为。对于每一个足球人来说,全面、准确理解和领会国际足联公平竞赛十项准则的精神,是自觉践行公平竞赛的前提和基础。

一、公平竞赛

比赛的胜利如果是通过不公平或操纵的手段获得的,那么这样的胜利没有任何价值。公平竞赛需要勇气和品格,而且公平竞争取得的胜利也让人更有成就感。即使比赛输了,你也能够赢得尊重,而操纵比赛则令人憎恶。请记住:这只是一场比赛,不公平的比赛没有任何意义。

公平是一个健康社会所追求的基本价值之一,也是足球比赛的根基。足球是圆的,给参与其中的每一方都创造了均等的机会。一场公平的足球比赛,结果往往难以预测甚至出乎意料,这也正是公平竞赛的魅力所在。

■ 二、追求胜利并正确对待失利

夺取胜利是体育竞赛的目的，所以绝不能主动放弃任何一场比赛。如果你不是为了胜利而比赛，那么你就是在欺骗对手、愚弄观众，同时也是在欺骗自己。面对强大的对手永远不能放弃，面对弱小的对手也要竭尽全力。如果在比赛中未尽全力就是对对手的侮辱。只要终场哨声未响，就要全力以赴去争取胜利。同时，我们要客观地认识到，没有谁可以永远胜利。比赛总会互有胜负，要学会正确对待失败，不要寻找借口，因为失败的真正原因往往显而易见。向胜利者祝贺，不要抱怨裁判或怨天尤人，应该把全部的注意力放在如何踢好下一场比赛上。一个有风度的失败者，能够比一个没有风度的胜利者赢得更多的尊重。

公平竞赛

只要有竞赛，就会有胜负。争取优胜是人的天性，通过自身的努力和全力付出而获得的胜利能够激发良性竞争，也能督促自己上进。足球比赛中无论对手强弱，都应全力争胜，即使比赛失利也不留遗憾。拼得的胜利应当祝贺，拼过后的失利值得尊敬。胜不骄败不馁，这就是体育精神。

■ 三、遵守比赛规则

任何运动都有自己的规则，足球比赛的规则简单易学，学好比赛规则，将有助于你更好地理解比赛，成为一名优秀的运动员。懂得规则的精神同样重要，因为规则的制定是为了使比赛更有趣，更具观赏性。遵守比赛规则，才能更好地享受比赛的乐趣。

足球竞赛规则是保证足球竞赛公平公正的基石，每一个足球参与者都应自觉遵守足球竞赛规则，这不仅是对足球运动健康发展的保障，也是对个人安全健康地参与足球运动的保障。

■ 四、尊重对手、队友、裁判、官员和观众

裁判与运动员

公平竞赛意味着相互尊重，这本身就是足球运动的一部分。没有对手就没有比赛，对手和你拥有同样的权利，这其中包括被尊重的权利。队友和你组成了这个团队，球队的所有成员都是平等的。裁判员负责保证比赛的纪律和公平竞赛，球员要无条件服从裁判的决定，这样才能更好地享受比赛。竞赛官员也是比赛的一部分，同样也应受到尊重。观众创造了比赛气氛，同时观众自己也应有恰当的举止。尊重是相互的，尊重是

平等的，尊重他人是赢得他人尊重的开始，尊重他人就是尊重自己。足球是一项综合性、包容性很强的运动，自己、队友、对手、裁判、竞赛组织官员和观众都是足球运动的重要元素，彼此间的尊重是公平竞赛和体育精神最直接的体现。

五、维护足球的利益

足球是世界上最具影响力的运动，需要我们每一个人不断努力，让其永远为世界第一运动。永远将足球运动放在自身利益之上，时刻意识到自己的一言一行会影响到足球运动的形象。要宣扬足球比赛中积极的一面，鼓励别人去观看比赛，公平地参与足球运动，帮助别人和自己一样享受足球的乐趣。要争取做一名优秀的足球大使。

足球运动在促进政治、经济、文化发展等方面具有重要的社会功能和教育意义。足球运动所传导的公平、公正、拼搏、协作、博爱等体育精神和人文精神，可以在现代社会中发挥榜样示范和价值引领的作用，维护足球运动健康有序发展是每个足球人应尽的责任。

六、赞扬那些维护足球运动声誉的人

足球运动之所以大受欢迎，正是因为绝大多数热爱这项运动的人是诚实而公正的，其中有些人的突出表现得到了社会的公认。他们应该受到尊重，他们的事迹应该被广泛宣传，这将鼓励其他人以此为榜样。应当通过宣传足球运动的优秀事迹来提高足球运动的形象。

榜样的力量是无穷的，精神的力量是伟大的。足球运动的发展成就与每一位热爱并热心推广这项运动的人密不可分，很多人用毕生精力让世人了解足球、参与足球、爱上足球，让足球成为一项具有普世价值的世界性运动，他们值得我们学习。

榜样的力量

■ 七、拒绝腐败、违禁药品、种族歧视、暴力及其他危害足球运动的事物

足球运动广受欢迎，也往往使其易受外界的负面影响。要提高警惕，抵制任何驱使你使用违禁药品和作弊的诱惑。违禁药品不应出现在足球和其他的运动中，也不应存在于这个社会中，要对违禁药品坚决说"不"。将种族歧视赶出足球运动，不论肤色和种族，平等对待所有的球员。宣传足球，拒绝暴力，足球是一种和平的体育运动。

足球世界并非一片净土，现实世界中存在的一些社会问题也存在于足球世界，给足球运动的健康发展带来了严峻挑战。贪污腐败、使用禁药、种族歧视、球场暴力等问题与足球运动所彰显的公平正义、自由平等、拼搏进取、和平博爱等人文精神相违背，严重损害了足球运动的社会功能和教育意义，每一位足球人都有责任进行坚决抵制。

■ 八、帮助他人抵御腐败的压力

如果你身边有人受到了作弊的引诱，他们需要你的帮助，你要毫不犹豫地支持他们，给予他们抵御诱惑的力量，要提醒他们对队友和足球运动所承担的责任。必须同队友团结起来同腐败及作弊行为进行斗争，就像在足球场上组成一道坚固的防线一样。

足球场内外的诱惑和腐败广泛存在，每一个足球人不仅要自己时刻保持警惕，坚决抵制这些诱惑和腐败，维护足球运动的形象，还要在身边的队友面对诱惑和腐败时及时、坚定地给予帮助，帮助他们做出正确的抉择，以免他们误入歧途。

■ 九、谴责那些试图毁坏足球运动形象的人

如果你确信有人准备引诱他人作弊，要毫不犹豫地揭露他的阴谋，必须在其造成危害前将其丑恶行为公之于众并予以抵制。公开谴责某种错误行径往往比随波逐流需要更大的勇气，诚实受人赞誉，附和无人称道。不要仅仅对错误行径说"不"，更要在他们得逞之前站出来谴责。

敢于向不良行为说"不"需要勇气，敢于谴责不良行为则需要更大的勇气。足球运动的健康有序发展需要所有足球人的努力，当足球运动的公平公正面临挑战、遭受破坏时，每一个足球人应该勇敢地站出来谴责这样的行径，捍卫足球运动的形象。

■ 十、让足球运动使世界变得更美好

足球运动有着难以估量的魅力，这种力量将能使我们所处的世界更加美好。足球运动会给我们每一个人带来一个更加和平、平等、健康和有良好教养的社会环境。努力让足球运动变得更美好，这也是我们对世界做出的贡献！

足球运动使世界变得更美好

GONGPING JINGSAI
德技双馨的"中国贝利"

"志行风格"光耀神州

　　容志行是中国千千万万优秀运动员的杰出代表,"志行风格"浓缩了中华民族传统美德,内涵丰富、博大精深,是中华体育宝贵的精神财富!"友谊第一,比赛第二""律己修身,以德服人"这些格言深深地影响着一代又一代青少年,无论在绿茵场上还是人生的赛场上,我们都必须通过自己诚实、辛勤的付出,运用公平、公正的手段,一步一个脚印地实现心中的梦想,创造属于自己的辉煌!真正的强者,不仅要赢得比赛的胜利,更要赢得对手的尊重!

　　1948年7月30日,在从中国开往印度的轮船上,一个小生命诞生了。孩子的父亲怀抱着宝宝,跟妻子商量道:"就叫他海生吧。"望着儿子的小脸蛋,夫妇俩会心地笑了。随着时间的推移,小海生慢慢长大,到了要上学的年纪,母亲又给他起了一个学名——容志行,寓意"做人要志在必行"。谁承想,若干年后,"志行风格"竟然成为中国体育界的一种精神,光耀神州大地。

　　容志行的父亲是个足球迷,因此,容志行从小就跟着父亲一起踢球。广州牛奶厂街尽头的球场是少年容志行最开心的舞台,他球性娴熟,盘球过人轻松自如,球到了他的脚下,就像被黏住了一样,对方三四个人都很难抢到。这个又黑又瘦的小家伙,在球场小有名气,被大家亲切地称为"牛奶厂街小球王"。附近宝岗体育场业余体校的足球教练卢柱健闻讯而来,并努力说服容志行的父母,将他招入体校。从此,9岁的容志行成为宝岗体育场业余体校的一员,开始接受较正规的足球训练。

　　在卢教练的专业指导下,容志行的球技取得了快速进步,他基本功扎实、动作频率快、人球结合紧密、射门刁钻,很快成为球队的核心。训练之余,容志行还经常现场观摩广东队的训练比赛,老一代球员高超的球技深深地折服了他,少年容志行暗下决心,有朝一日也要像他们一样,披上广东队的战袍。1964年,16岁的容志行顺利入选广州工人足球队,他的足球人生自此驶入了快速发展的轨道,随后又顺利入选广东省足球队和中国国家足球队,开始了为国争光的足球生涯。

1977年，球王贝利率领纽约宇宙队访华，与中国国家队在北京、上海各进行一场比赛。其中，在北京双方打成1∶1，在上海中国队以2∶1胜出。上海的这场比赛也是球王贝利职业生涯最后一场输球。比赛中，容志行出色的发挥给贝利留下了深刻的印象。赛后，贝利主动找到容志行，要求合影，并交换球衣，贝利称赞说："你是一位世界级的球员。"

1982年，世界杯附加赛在新加坡举行，人们看到了国家队队长容志行的精彩表现，在4∶2战胜朝鲜队的比赛中，他助攻了3个进球；在3∶0大胜科威特队的比赛中，他拖着刚缝了8针、被纱布裹得严严实实的小腿上阵并首开纪录。容志行下场时，全体观众起立为他鼓掌致敬，高呼"祖国感谢你""人民感谢你"。这场胜利极大地振奋了民族精神，许多市民自发上街游行，欢呼"振兴中华"等口号，容志行也成为人们心中的英雄。尽管中国队未能打进世界杯决赛阶段，但容志行在比赛中表现出的高超技术和充分尊重对手的良好赛风，被誉为"志行风格"。容志行也连续三年当选"全国十佳运动员"，并作为广东省的党代表参加了1982年党的十二届全国代表大会。

容志行凭借精湛的球技被誉为"中国贝利"，但真正让国人铭记的还是他高尚的体育道德。驰骋球场十八载，他基本没吃过黄牌，更没有被红牌罚下过。容志行代表广东队和中国国家队参加过百余场比赛，因其技术超凡，常常成为对手侵犯的主要目标。面对一次次凶狠的防守，一次次被对手踢翻在地，

青年时代的容志行

容志行与贝利合影

容志行总是一次次爬起来,重新投入比赛,从不与对手纠缠,更不会报复对手。在一场国际比赛中,容志行带球突入对方禁区,两名防守队员从左右两边向容志行撞来,被他灵活躲过,这两名队员却撞到一起受伤倒地。面对空门,容志行突然停止射门,主动将两名后卫搀扶起来,容志行以德服人的举动感动了包括对手在内的所有人,赢得了全场雷鸣般的掌声。

容志行在比赛中表现出来的高尚的体育道德,被誉为"志行风格",成为一笔宝贵的精神财富,在中国各行各业发扬光大。"志行风格"是中国体育界唯一一个用个人名字命名的精神,是中国体育人宝贵的精神财富。这源自容志行谦虚大度的人格魅力、高超的技术和充分尊重对手的良好赛风。1994年,容志行被评为新中国成立45周年中国体坛英杰之一;2009年,容志行入选60位最具影响力的新中国体育人物。

若干年后,面对记者的采访,容志行风轻云淡地说道:"足球是一项对抗激烈的运动，球员在比赛场上无疑会经常发生犯规动作，只要犯规不是蓄意伤人，都是正常的。不懂足球的人，会以为别人是故意踢你，心中会出现报复思想——你踢我，我必踢翻你。我是不存在这样的思想的，我想的是我为什么会被人踢到，我要想办法让对方无法踢到我，我该如何更快、更准确、更到位地处理球。若从这个角度考虑，无疑对自己提出了更高、更全面的要求。我从来不去报复别人，我希望以后大家踢球时也这样想，对手踢到你，下一次就想办法不要让他踢到你，对球的处理更快，对方就踢不到你，或者你的过人更干净，对方也没办法踢到你，这样对自己能力的提高无疑有很大的帮助。从这个角度来说，我还要对对手表示感谢。"

古稀之年的容志行仍不遗余力地忙碌于青训工作，因为在他的心里始终有一个结——中国足球没有完成冲出亚洲走向世界的任务。他希望我们的下一代、再下一代能够慢慢实现这个梦想，把习近平总书记的三个愿望变成现实。容志行表示："中国足球问题最好的解决办法就是从娃娃抓起，提高足球人口，通过普及带动提高。但从娃娃抓起，又必须有实际行动，需要我们把大量的高水平的教练员派到基层去抓普及工作，只有把基础夯实了，才会有腾飞的一天。"

容志行指导足球训练

GONGPING JINGSAI
绿茵场上的鹰眼
　　球员心中的天平

"光头裁判"科利纳的铁骨柔情

> 　　公平公正永远都是运动场上的主旋律，不单单是足球运动，也不单单是体育比赛，世间的一切如果不以公平为前提，所有的追求都会显得苍白无力。科利纳已然成为公平竞赛的代言人，他的精神必将影响一代又一代的足球人，捍卫绿茵场上的公平正义。

　　"无规矩不成方圆,有敬畏才知行止。"足球竞赛的公平公正是足球运动健康有序发展的基石,而足球竞赛规则就是保证比赛公平的规矩,它能让足球竞赛"成方圆"。这其中,坚守规则、秉公执法的裁判员就是让每个球员对竞赛规则有敬畏,确保比赛公正的关键。足球史上那些精彩绝伦的经典对决,不仅仅来自于22名球员在球场上充满智慧的斗智斗勇,也得益于场上裁判公正准确的执法。从某种程度上说,裁判员在场上的执法水平甚至可以决定整场比赛的精彩程度。一名优秀裁判员

科利纳赛场执法

往往会让比赛过程连贯流畅、精彩不断；反之，裁判员的低水平判罚，则可能会让一场比赛变得支离破碎，甚至演变成一场足球灾难。

在绿茵场上，裁判和球员经常会是冲突和对立的两方，但有一名裁判员，以其公正准确的判罚和极具特色的外形给全世界球迷留下了深刻的印象，他被球王马拉多纳誉为世界上最伟大的裁判，他是"黄金右脚"贝克汉姆一生中唯一一位主动要求与其交换球衣的裁判——现任国际足联裁判委员会主席皮埃路易吉·科利纳（Pierluigi Collina）。从1998年到2003年，科利纳连续六年被评为世界最佳裁判，被誉为"裁判之神""绿茵判官""世界第一哨"。人们习惯于这样评价他：也许天平会倾斜，但科利纳不会。

科利纳处理冲突

1960年，科利纳出生于意大利博洛尼亚，他的父亲是公务员，母亲是小学教师。严格的家教让遵守规则成为科利纳的人生信条，他坚信，所有事情只有在"公平、公正"的基础上才能得到良好发展。科利纳的童年和大多数意大利孩子一样与足球相伴度过，但年幼的科利纳并没有表现出过人的天赋，只是在家附近的几个业余足球俱乐部踢过球。科利纳因为长期的伤病而鲜有上场机会，17岁时，他在教练的建议下接受裁判员培训，谁知这次被动的角色转换，竟然意外地成就了科利纳，使他成为世界足坛的一名顶级裁判员。

完成裁判培训班课程后，科利纳开始执裁地区低级别足球比赛，并很快就展现出过人的裁判天赋，获得了地区最佳裁判员荣誉称号。意大利足协也关注到了科利纳，开始让他执裁一些高级别的职业联赛。在科利纳26岁那年，一场突如其来的大病让他高烧不退，病愈后他失去了头发和眉毛，这让他有了一个极具个人特色的形象。科利纳因其高超的执法水平和独特的外形在意甲赛场名声大振，并于1995年取得了国际级裁判员资格。科利纳在其裁判生涯中执裁了很多经典战例，下面两场比赛执法极具代表性。

经典战例1

1998—1999年赛季欧冠决赛，拜仁慕尼黑队与曼联队的比赛在诺坎普球场打响。红魔曼联队在补时的最后3分钟内连入2球，完成了对拜仁队的绝杀，被后人称为"诺坎普奇迹"。科利纳在那场比赛中对于判罚尺度的把握、对于比赛节奏的掌控，可以说无可挑剔，也正是他公正准确的判罚，让这场比赛永载史册。终场哨响，痛失"大耳朵杯"的拜仁队员接受不了从天堂到地狱的残酷打击，瘫倒在草皮上失声痛哭，久久不愿离开。这一刻，竟技体育的残酷性显露无疑。科利纳却展现了他铁汉柔情的一面，将拜仁众将一一拉起，逐个安慰。这一幕感动了在场的所有球迷，大家纷纷起立鼓掌呐喊。

经典战例 2

2000年欧洲杯1/8决赛在捷克队与荷兰队之间展开。这场比赛虽没有"诺坎普奇迹"那么出名，但科利纳在执法过程中展现出的硬汉形象，却给全世界的球迷留下了深刻的印象。比赛中，捷克队后卫雷普卡对荷兰队中场球员戴维斯犯规，科利纳立刻向雷普卡出示黄牌，但雷普卡不依不饶，继续上前挑衅。科利纳大声训斥雷普卡，并用拳头两次推开情绪失控的雷普卡，同时用他像鹰一般的双眼死死盯住雷普卡。在科利纳的强硬态度面前，雷普卡只能悻悻离开。科利纳用实际行动告诉所有球员：我的规矩就是规矩，裁判员的权威不容挑衅。科利纳不怒自威的强大气场震撼着赛场上每一名球员，再大牌的球员都不敢招惹他。

在科利纳早年的自传中有这样一句话："我站在万千人中间，感到的只有孤独。"2006年，意大利爆发臭名昭著的电话门事件，无数足球俱乐部高管、球员与裁判员被牵连其中，而科利纳和罗赛蒂是仅有的两位没有受到任何影响的国际裁判。在污浊的环境里，科利纳一直坚守自己的内心，恪守着裁判的底线。不仅如此，为了维护公平正义的形象，科利纳甚至不惜提前结束自己深爱的裁判事业。因为自己与汽车赞助商欧宝签署了一份赞助合同，而欧宝恰巧也是意甲豪门AC米兰足球俱乐部的赞助商，意大利足协有人质疑科利纳执法的公信力，决定将其降级到乙级联赛执法。不堪受辱的科利纳为了自证清白，毅然决定提前退役，再次用行动捍卫了公平。

科利纳近照

科利纳刚正不阿的人格和公正准确的判罚得到了国际足联和世界球迷的高度认可，他一度被认为是世界杯决赛裁判员的唯一合适人选。在28年的执法生涯中，科利纳共获得6次国际足联年度最佳裁判、7次意甲年度最佳裁判称号，2011年入选意大利足球名人堂，2020年被法国足球评为史上最佳裁判，欧足联将他评为改变足球历史的20人之一，入选理由是：世人认为他是一名出色的、公正的明星级裁判，他在场上永远是一个亮点。科利纳之所以伟大，不仅仅是因为他的执法水平，更重要的是他的人生哲学：足球运动首先需要尊重比赛，还要尊重对手、尊重观众和尊重裁判。

退役后的科利纳没有离开自己深爱的裁判事业，他依然在追求公平公正的道路上不停地奔跑着。作为国际足联裁判委员会主席，科利纳正致力运用科技手段，让足球运动更加公平、透明。"我是一个恪守规则的人。"这是科利纳最常说的一句话，也是他人生的真实写照——永远保持公正的判罚，严肃中又不失人性的温度。

GONGPING JINGSAI
公平与荣誉
足球精神照耀赛场

福勒放弃点球

　　福勒并不是"上帝",也不是道德无瑕的"圣人",他既是一名伟大的职业足球运动员,也是一个像我们一样为自己倾心的事业不懈奋斗的普通人。福勒没有放弃点球,但这丝毫不影响他捍卫公平竞赛的精神。对福勒而言,告诉裁判对方守门员并未对自己犯规是公平竞赛的体现,全力以赴完成射门履行自己的球员职责也是公平竞赛的一部分;告诉媒体自己的真实想法同样是公平理念的延伸——自己作为射手、西曼作为门将,都在拼尽全力,公平竞赛。

在激烈的足球比赛中，双方球员都会全身心地投入并力争胜利。在强大的体能与精湛的技术背后，绿茵精神也指引、激励着每一位球员。捍卫公平，取得荣誉，是注入每位优秀球员灵魂深处的信念。绿茵场上并不只有成绩与奖金，也流传着运动员践行足球精神、展现崇高品格的事迹。1997年6月，《足球报》刊登了周腾飞的《放弃射门》一文，记录了一段球员捍卫公平竞赛的佳话，该文随后入选人教版小学语文教材，为广大学生树立了学习榜样。文章通过绘声绘色的描写，呈现出足球场上惊心动魄的一次交锋。故事的主角罗比·福勒（Robbie Fowler）以实际行动捍卫了公平竞赛的背后所闪烁着的公平理念和人性光辉。

福勒是一名极具天赋的超级射手。出生于英格兰的他自幼热爱足球运动，青年时期被选入利

报刊对福勒行为的展现

利物浦足球俱乐部球星福勒

物浦青年训练营，1992年进入利物浦足球俱乐部。初出茅庐的福勒刚刚登上英超的舞台便展露锋芒，在自己刚进入利物浦队的第二场比赛中便独揽五粒进球，一跃成为超级新星。1995年，福勒帮助球队获得联赛冠军，并在1995年和1996年连续两年被评为英超年度最佳新秀，是当时英格兰最具天赋的射手，甚至被球迷奉为利物浦的"上帝"。每一位足球运动员在赛场上都不断寻求射门机会，渴望进球，福勒在英超取得的辉煌成绩与声誉正是建立在自己的百粒进球之上。但在1997年利物浦队对阵阿森纳队的一场比赛中，福勒做出了出人意料的选择。

这是一场十分重要的比赛，利物浦队与阿森纳队争夺联赛积分第二名，失利的球队将无缘冠军的争夺。比赛进行到第60分钟时，福勒接到队友长传，单刀突破对方后卫，制造出绝佳的禁区射门机会。此时尽职的阿森纳队守门员西曼不顾一切地扑向足球，福勒重心失衡重重地摔出数米之远。福勒的进攻虽然被西曼破坏了，但是裁判看到西曼扑倒福勒后，随即判罚利物浦队点球，福勒再次获得了射门机会。对于福勒和自己的球队而言，这是个绝好的机会,如果打入这个点球,他们就能够占据绝对主动权,甚至本场比赛可能会因此球而获胜。但福勒明白西曼的扑救并不是造成自己摔倒的原因,他认为这是裁判的一次误判。他立即跑向裁判解释西曼没有碰到自己,请求裁判收回对西曼出示的红牌。经过福勒再三解释,裁判同意修改判罚,西曼得以留在场上,但福勒仍然获得了点球机会。最后,福勒的点球被西曼扑出,队友补射得分。福勒放弃点球的举动被视为足球精神的典范,在足球界引起了很大的轰动,福勒受到无数球迷的敬佩,在当年获得了欧洲足联授予的公平竞赛奖,时任国际足联主席若昂·阿维兰热也对其赞赏有加。国际足联秘书长布拉特称赞福勒的表现维护了足球运动的尊严,是全世界运动员的榜样。

事后一些媒体宣称是福勒主动放弃了点球,使得西曼轻易扑出了他的射门。但后来福勒在接受采访时表明自己并无放弃射门的想法:"作为球队的得分手,我的任务就是罚进那颗点球,我从来都不会故意罚失,当时的情况就是如此,是我踢得不好。"关于这次点球的争议并不能掩盖福勒追求公平的高尚行为,福勒在告知裁判事实的那一刻就已表明了自己捍卫公平竞赛的态度和决心。同为当事者的阿森纳队守门员西曼在赛后也称赞了福勒的诚实:"我知道自己没有碰到福勒,福勒也清楚这一点。他向裁判解释了真实的情况但裁判声称没有听到。大家都看到福勒向裁判示意这不是犯规,不应当判罚点球,福勒面对大好的进球机会却选择了放弃,他在作弊的诱惑面前选择了诚实。"

福勒所收获的荣誉与称赞并未使他迷失,多年后福勒回忆赛场上所发生的事情时仍不忘澄清:自己是因失去平衡而摔倒,点球也是因为自己发挥不佳没能进球,而不是主动放弃射门。福勒捍卫公平竞赛的决心高于自己的进球机会,也超过自己所获的称赞和荣誉。他并不需要一次由误判得来的点球机会,也不需要外界夸大的追捧。或许严格意义上的"放弃射门"会让福勒的形象更加崇高,但福勒仍然选择尊重事实,亲口告诉媒体自己真实的想法——全力以赴地射门。福勒的真诚再次证明了自己捍卫公平竞赛的高尚品格。对福勒而言,比起赛场上所发生的事实真相,虚假的荣誉和毁誉参半的争议都不值一提。他毫不犹豫地放弃维护自己的形象与风评,使自己"放弃点球"的事迹陷入争议旋涡,就如同他在赛场上向裁判示意的那一刻,就已经下定决心放弃绝佳的得分机会。

GONGPING JINGSAI
严于律己　公平竞赛

克洛泽场上场下践行体育精神

　　在当下的足球世界里，功利主义、利己主义成为一种普遍现象，对足球的急功近利成为一种常态。回看克洛泽对体育精神的坚守和奉行的一幕幕，那或许才是人们热爱足球的一个原因。严于律己、公平竞赛的克洛泽身上闪耀着人性的光芒，值得平凡的我们认真学习。

"我的梦想是有一天可以成为一名好球员。"这是克洛泽（Miroslav Klose）被问及未来的职业生涯规划时从容恬淡的回答。这看似平淡的回答，却被克洛泽在16年的足球生涯中始终如一地践行着。

有人说，克洛泽是一种现象，一种平凡到极致的伟大。克洛泽的伟大，已成为后人难以企及的伟大：世界杯历史第一射手、德国国家队历史第一射手的荣耀加身；克洛泽的传奇，已成为一段美好的童话故事：从德国乡村联赛起步并成功跨入德国足坛名人堂。克洛泽天道酬勤、大器晚成的故事足以名留足球历史，激励每一个平凡的人。

除了获得外界的荣誉，克洛泽更坚守着自己内心对足球、对体育的敬畏和理想，那就是"成为一名好球员"。具体地讲，克洛泽始终坚守和维护着纯粹的体育精神与规则，即使面对有利于己方的错误判罚，克洛泽也能主动向裁判示意判罚有误，放弃宝贵的得分机会。

克洛泽在早年效力不莱梅队期间，就曾主动放弃绝佳的点球机会。球队主场对阵比勒菲尔德队时，克洛泽突入对方禁区，被门将绊倒在地，主裁判毫不犹豫地判罚了点球。克洛泽却主动向裁判员解释，对方门将是先碰到皮球，再将自己绊倒在地的，不存在犯规行为。主裁判听取了克洛泽的意见，收回之前的判罚。这种敢于捍卫体育公平公正的举动，在克洛泽职业生涯末期效力拉齐奥队时再次发生。当时，球队客场对阵那不勒斯队，开场不

克洛泽举起大力神杯

久,拉齐奥队获得角球,克洛泽跳起争顶,在防守队员的干扰下,意外地用手将球打进球网。裁判没有发现这个手球,判罚进球有效。而克洛泽却走向裁判,示意是自己不小心用手将球打进,主裁判随即改判进球无效。最终,球队以0∶3落败。尽管球队遭遇败局,但克洛泽对体育道德的坚守,赢得了对手和球迷的尊重,获得那不勒斯队球员和全场球迷的热烈掌声。这一刻,比赛的胜负已不再重要,这是"足球的胜利"。

克洛泽凭借着对体育精神一贯的坚守,两次荣获公平竞赛奖。而谈及那粒手球时,克洛泽诚实地说:"是我完成的射门。裁判问我是不是用手打进的,我就说,是的,我的手碰到了球,这是一个手球。"克洛泽诚实的表现也受到时任国际足联主席布拉特的盛赞:"他是好样的,他的行为证明他是位诚实的球员,一位真正的冠军!"

足球历史上存在着很多手球争议和经典时刻。阿根廷巨星马拉多纳在世界杯上对英格兰队的"上帝之手"已名留足球史册，多年后马拉多纳在谈及这粒争议进球时，承认那是个手球。但当时在赛场上，马拉多纳欺骗了所有人，鼓动队员庆祝进球以此迷惑主裁判，这是马拉多纳对胜利的态度，但这无法掩盖马拉多纳对足球纯真、虔诚的热爱。相较于球王的狡黠和强势，克洛泽则选择捍卫作为职业球员和父亲的身份与价值，毅然决然放弃黄金得分机会，这是他对职业的尊重，也是为了给孩子做出表率。

克洛泽对体育精神和职业道德的坚守，树立了优秀职业球员的典范，永远值得人们学习。克洛泽不仅将公平竞赛的体育精神内化于心、践行于行，正确对待比赛的失利，而且始终秉持和信奉着体育的竞技精神，为胜利而战。热爱足球的人绝对不会忘记克洛泽在南非世界杯赛场上得到的那张红牌，那张红牌发生在德国队对阵塞尔维亚队的对抗激烈的小组赛中。面对红牌的判罚，

克洛泽的经典动作

克洛泽认为："我希望能够帮助球队，我也尝试着不断地跑动和接球，那不是一个恶意的犯规，裁判应该对我进行口头警告更为合适，而不是直接掏黄牌（之前克洛泽已领到一张黄牌，最后变成红牌被罚下场）。足球是同场对抗类项目，因此身体接触不可能避免。"克洛泽的公平竞赛，不只是对体育规则的遵守、对体育道德的坚守，也是对体育精神的信奉。通过不正当或欺骗手段夺取的比赛胜利是没有价值的，不是为了胜利而进行的比赛同样没有价值，这才是足球世界公平竞赛的意义。克洛泽在这两层意义上的表现堪称完美。

为什么克洛泽能够义无反顾地在比赛中坚守公平竞赛的精神？透过克洛泽从平凡到伟大的足球生涯，我们也许可窥一斑。或许是因为训练中的严以律己，得到教练的任务之后，他会坚持不懈地执行；或许在于对运动员职业的敬畏，他明白，一个职业球员必须放弃很多东西；或许取决于对自我价值的清晰认知和对自身责任的主动承担，他曾说过，作为一名前锋，他有着很大的野心，而前锋的任务就是不断进球，进球对他而言不仅意味着纪录的刷新，也代表他为球队努力贡献着；又或许取决于生活中的自律，生活中克洛泽始终保持着自己的节奏，他不喝酒，很少去夜店，他会时不时打理花园、修缮家具，天气好时在屋顶听音乐，天气差时打室内乒乓球或看电影，他还有一个特别的放松方式——垂钓，借以享受安宁美好的环境，获得彻底的放松，而他的自律生活让他在球场上得到了回报。

克洛泽始终保持着平常心。他曾说："我是很普通的人，希望可以树立好的榜样。"当克洛泽凭借自身努力取得德国队主力位置时，他遭受诸多质疑：这样的无名小卒也被委以重任？……他选择默默承受，不辩解，坚持努力训练，家里的电灯开关见证了他的努力。后来，当已跻身一线球员行列、有过豪门效力经历的克洛泽在拉齐奥队的训练场上亲自跑去捡球时,媒体和球队主席大为吃惊,而克洛泽认为自己只是在做一名球员该做的事情。

克洛泽始终保持着进取心。"既然选定了目标,就要一步一步去实现。"这是克洛泽职业生涯的唯一信条。所以,克洛泽在一年多的时间里,完成了从业余乡村联赛到德甲联赛,再到国家队队员的三级跳。所以,尽管已成为35岁的高龄运动员,克洛泽在意甲赛场上却能在40多分钟时间里打进5粒进球。在意甲27年的历史中,只有克洛泽能够做到。克洛泽的勤勉为他实现了一个又一个了不起的壮举,但克洛泽的进取心更在于他的虚心好学。前不莱梅队中场米库曾说过:"很难想象克洛泽这样一位德国队主力前锋,因为想提高自己的传球技术,一次次在训练后虚心找我加练。"

克洛泽一家人

克洛泽始终将球队置于个人之上,他坚持球队的荣誉永远是第一位的。在南非世界杯赛场上,克洛泽因赛前感到不适,认为自己无法胜任主力,便主动向主教练提出不上场比赛。代价是自己的个人梦想(打破罗纳尔多的世界杯进球纪录)不得不被搁置,而自己不得不再付出四年时间。为球队利益牺牲个人,克洛泽将此信条践行到自己职业生涯的最后一场比赛中。意甲联赛最后一轮,拉齐奥队主场对阵佛罗伦萨队,第71分钟时,拉齐奥队获得点球,这时所有人都希望克洛泽能够用进球的方式圆满告别,但克洛泽第一时间拒绝了队友的邀请，因为自己不是队内第一点球手。尽管最后克洛泽满足了人们的期盼，走上点球点，将球罚进，但克洛泽在足球生涯最后时刻依然保持着高度自律，他坚守内心对公平公正的信仰让人钦佩，这粒进球成为克洛泽足球职业生涯的最后一粒进球。

透过克洛泽 16 年的足球生涯，我们可以看到克洛泽对职业的敬畏、进取和牺牲，对生活的恬淡、自如和从容。这是克洛泽给我们每一个普通人的一点启示。

GONGPING JINGSAI

"送还"对手一球
赢得世界掌声

利兹联队主帅贝尔萨诠释公平竞赛真谛

  足球比赛的结果,小则关乎胜负、得失,大则关乎国家荣誉、民族尊严。球员为了获取比赛胜利而不遗余力地顽强拼搏,但只有建立在公平竞赛基础之上的胜利才是真正值得尊重和敬仰的。离开了公平竞赛的基础,所有的胜利将变得一文不值。足球比赛关乎胜负,又超越胜负!我们在追逐胜利的路上,更应该追逐体育精神那缕最璀璨的光芒!或许有人难以理解贝尔萨的做法,但正如尼采所言:"我们飞翔得越高,在那些不能飞的人眼里,形象就越渺小。而天空才是你自由的方向,哪怕那里有暴风骤雨。"

2019年9月24日，国际足联年度颁奖典礼在米兰斯卡拉大剧院隆重举行。国际足联颁发了年度最佳男足运动员、最佳女足运动员、最佳男足门将、最佳女足门将、最佳男足教练、最佳女足教练、最佳进球、最佳球迷和公平竞赛奖9个奖项。该年度的公平竞赛奖获奖者——时任利兹联队主教练的马塞洛·贝尔萨（Marcelo Bielsa），因其让体育精神闪耀赛场的高尚行为使这一奖项格外引人关注。

获得国际足联公平竞赛奖的贝尔萨

球员时期的贝尔萨

1955年7月21日，贝尔萨出生于阿根廷罗萨里奥的一个精英家庭，贝尔萨从小就不走寻常路，他的父亲是罗萨里奥中央队的球迷，小贝尔萨却是罗萨里奥中央队的同城对手纽维尔老男孩队的忠实球迷。他的祖父和父亲是阿根廷法律界的名人，哥哥和姐姐也是阿根廷的政要，但贝尔萨却并未承袭家族传统，而是选择做一名职业足球运动员。

不过他的球员生涯短促而黯淡，在仅仅留下四次出场记录后，便匆匆退役了。很显然，他的球员生涯并不成功。上帝为一个人关上一扇门，一定会为他打开一扇窗。球员生涯的失败丝毫没有影响贝尔萨对于足球战术的痴迷，从选择从事足球事业的那一刻开始，他的生活中就只有家、球场和足球。

27岁那年，作为体育教师的贝尔萨带领一支大学校队踢平了博卡青年预备队，可谓一战成名！他也得到了纽维尔老男孩队的青睐，开始了他的职业足球教练生涯。拿起教鞭的贝尔萨如鱼得水，在执教纽维尔老男孩预备队一段时间后便升任一线队主教练。1991年，执教纽维尔老男孩一线队仅一年的贝尔萨，就率领球队夺得了阿根廷足球甲级联赛冠军。1998年，贝尔萨因优异的俱乐部执教表现而接替名帅帕萨雷拉，成为阿根廷国家队的主教练。虽然贝尔萨作为主教练取得过一系列骄人战绩，但让世人对他肃然起敬的，却是他执教利兹联队时在英冠联赛一场极为普通的比赛中的一个"义举"。

2018年，贝尔萨受邀出任英冠球队利兹联队的主教练。在英

在场边指挥比赛的贝尔萨

冠联赛 2018—2019 年赛季倒数第二轮的比赛中，利兹联队主场迎战阿斯顿维拉队，如果这场比赛取得胜利，利兹联队将保留直接升入英超的机会。众所周知，英超和英冠之间的差距是巨大的，晋级英超对球队意义重大。因此，俱乐部上下对于这次近在咫尺的直升英超机会格外重视。但就是在这样一场事关重大的比赛中，作为主帅的贝尔萨却下令让自己的球员放弃防守，"送还"对手一球。

比赛开始后，利兹联队的球员三军用命，不断向阿斯顿维拉队发动猛烈的进攻，但都无功而返。战至第 72 分钟时，阿斯顿维拉队球员受伤倒地，队友示意暂停比赛。但急于破门的利兹联队球员并没有将皮球踢出边线，反而继续进攻并乘机射门得分，由此引发了对手的强烈不满，进而两队球员在场上发生了冲突。冲突平息后，贝尔萨做出了震惊所有人的决定，他要求自己的队员放弃防守，归还这粒进球。中场重新开球后，阿斯顿维拉队球员在没有防守阻拦的情况下将球打进空门扳平了比分。

最终，这场比赛以1∶1结束。赛后阿斯顿维拉队主帅史密斯说："他们的决定让我充满了敬意。"而贝尔萨则表示："英格兰足球以体育精神闻名，因此对此事件不必有过多的评论。"利兹联队因为贝尔萨的"义举"而失去了直接晋升英超联赛的希望，在随后的升降级附加赛上，他们又输给了德比郡队，彻底失去了当年晋升英超联赛的机会。这个结果让贝尔萨一时成为利兹联队球迷口诛笔伐的对象，但贝尔萨并没有对自己为了比赛的公平所做的举动感到后悔。在贝尔萨执教利兹联队的第二个赛季，利兹联队以英冠联赛第一名的身份重返英超联赛，并在英超创下了升班马第一赛季的最好成绩。

素有"教授"之称的名帅温格在谈到贝尔萨的让球"义举"时说："我要谢谢利兹联队主帅贝尔萨，这是一个值得铭记的手势。球队正在为参加英超联赛而努力，这是与球队自身利益息息相关的情况。这是非凡的举动，全世界都应该注意到它。这是关乎公平的事情，在这样的情况下，贝尔萨的举动更显得难能可贵。"2018—2019年赛季成功晋升英超的谢菲尔德队主帅怀尔德也赞扬了贝尔萨的决定："贝尔萨处理问题的方式值得充分的尊重，我认为这是非常正确的。"

在2019年国际足联年度颁奖典礼上，国际足联将公平竞赛奖颁给了贝尔萨和利兹联队，并盛赞道："部分参与足球的人，可能会把赢取冠军作为唯一目标，不过对其他人来说，总有比胜利更高的价值……贝尔萨这次行为不仅让人注目，还完美地展示出体育的公平精神，获得本年度的公平竞赛奖当之无愧！"利兹联队的体能教练宣读了贝尔萨的获奖感言："我要感谢国际足联和利兹联队的球迷，他们都没有质疑我的做法。当做出任何决定前，最困难的不是明辨是非，而是去接受这事情带来的所有后果。"

面对胜利的诱惑，考量的不仅仅是足球的技战术，还包括人性的善与恶。贝尔萨为了维护球场上的公平正义，放弃了胜利的机会，却得到了国际足联的褒奖，赢得了全世界的尊重。这正是足球运动一直以来传递给我们的强力信息：公平竞赛才是球场的主旋律。许多年后，可能这支由贝尔萨带领的利兹联队会慢慢被历史的尘埃掩盖，这场比赛也会被人们遗忘，但这种追求公平竞赛的精神将成为贝尔萨身上一枚永不磨灭的军功章，被人们永世歌颂。

GONGPING JINGSAI
绿牌与白牌

倡导公平竞赛精神

足球的世界里不仅有胜有负，更有情有爱。绿牌和白牌的出现有利于传播公平竞赛的精神，弘扬足球正能量。而我们也要从小培养这种公平竞赛的意识，培养相应的职业道德素养，致力于打造纯粹、干净的足球运动，将竞技同尊重关联起来。

黄牌！红牌！裁判的手往兜里一伸，大家便知道这次犯规裁判要出牌了。但是，你见过裁判掏出绿牌或白牌吗？

在足球比赛中，红牌和黄牌已经成为不可或缺的元素，然而，绿牌和白牌对于广大球迷而言，显然还很陌生。其实绿牌和白牌的作用比较相近，但它们不像红牌和黄牌那样是用来惩罚球员的，而是用来鼓励和表扬球员的，是对比赛当中出现的彰显公平竞赛精神、体现职业道德的行为进行鼓励和赞扬，以有力促进比赛双方的公平竞赛行为。

使用绿牌的想法早在2007年就已经被提出来了。在2007年的亚洲青少年足球比赛前，亚足联前秘书长维拉潘提出可以在比赛中使用绿牌，以作为对比赛中体现公平竞赛和职业道德行为的表扬和鼓励。在中国队对阵关岛队的比赛中，关岛队的一位足球小将在一次对抗中不慎倒地，这时一位中国小球员主动伸手将其拉起，这彰显体育精神的一幕被当时的主裁判看在眼里，于是便向这位中国小将出示了一张绿

C罗搀扶受伤的卡瓦尼

主裁判出示绿牌

牌,这也是足球史上的第一张绿牌。绿牌代表着一种荣誉,说明这位球员的职业道德和竞赛精神是被认可的,只起到鼓励和表扬的作用,不会对比赛结果产生任何影响。绿牌的出现有助于提倡公平竞赛,净化比赛过程中违背体育道德的一些行为。

虽然从2007年提出绿牌制度至今已经过去了16年,但绿牌却并未在各大顶级职业联赛中出现,唯一一个坚持使用绿牌制度的职业联赛是意大利乙级联赛。2015年9月6日,意大利乙级联赛正式将绿牌制度写入比赛规程中,用于奖励比赛当中凸显体育公平竞赛精神的行为。2015—2016年赛季,意大利乙级联赛维琴察队对阵恩泰拉队的比赛中,下半场第8分钟,维琴察队的球员在进攻中将皮球碰出了底线,但当值主裁判误以为是恩泰拉队的球员碰出的,所以判给了维琴察队一个角球。当时客场作战的维琴察队1∶2落后,如果能够获得这个角球,就多了一次将比分扳平的机会。但维琴察队的前锋加拉诺主动找到裁判员,诚实地向其说明了刚才的情况，指出应该判给对方球门球，而不是判给己方角球。当值主裁判随即更正了自己的判罚，并向加拉诺出示了一张绿牌，用以表彰他的公平竞赛精神。这是世界足坛中第一张出现在职业比赛中的绿牌，加拉诺的行为值得我们称赞。

　　白牌的出现虽晚于绿牌，但至今也有近十年时间了。2015年葡萄牙体育和青年机构公布了"体育道德国家计划"，为了推动这一计划的实施，同年3月15日，葡萄牙体育和青年机构与葡萄牙裁判员协会联合会合作，共同推出了白牌制度。2017年5月16日，葡萄牙足协正式引入白牌规则。白牌也是为了鼓励比赛中出现更多彰显体育精神的行为举止，渲染足球比赛中公平竞赛的氛围。从2017—2018年赛季起，葡萄牙足协主办的青少年赛事都开始使用白牌。葡萄牙足协推行的白牌制度，在青少年赛事中收到了极佳的效果，起到了榜样示范和教育作用。2023年1月，在一场葡萄牙女足比赛中，本菲卡女足对阵葡萄牙体育女足，就在上半场即将结束的时候，看台上一位球迷突感不适，双方队医闻讯后立即前往救治，球迷最后转危为安。在双方队医完成救治后，裁判员向他们出示了白牌，以赞扬他们彰显体育精神的行为。全场的球迷也纷纷为这一行为献上掌声。白牌与绿牌一样，对于比赛结果没有实质性的影响，但是对于赞扬和传播公平竞赛、体现体育精神的行为有着很大的感染作用，对比赛公平有序地进行也有着积极的引导作用。

主裁判向双方队医出示白牌

铿锵玫瑰

风雨彩虹,铿锵玫瑰。女足精神是一种永不言弃、无私奉献、团结协作、敢于拼搏的精神,它诠释了为祖国争光、为民族争气、为人生添彩的中华体育精神。

- 铿锵玫瑰精神的缔造与弘扬
- 体育精神与女性力量的完美融合
- 绿茵场上绽放的铿锵玫瑰孙雯
- 中国女足主教练水庆霞
- 张翔、钱惠伉俪演绎青训传奇
- 走出大山的资中女足

KENGQIANG MEIGUI
坚韧刚毅　拼搏进取

铿锵玫瑰精神的缔造与弘扬

　　历经风雨彩虹路，熔铸铿锵玫瑰魂。中国女足"黄金一代"球员团结一心、不屈不挠、顽强拼搏的精神感动了亿万国人，她们用自己的实际行动诠释了对足球的热爱、对祖国的奉献，并在与强手的对抗中用自己的拼搏和血性展示了中国女性的力量，缔造了铿锵玫瑰精神。这一精神不仅是激励中国女足奋进的力量，更成为建设体育强国、助力中华民族伟大复兴的力量。

　　现代体育的兴起是以西方工业革命为标志的，其发展历程与西方社会的工业化、现代化过程紧密相关。19世纪和20世纪，西方社会主导着现代体育的发展演变。中国是一个历史悠久的农耕大国，直至清朝晚期在内外交困的窘境下发起的洋务运动中民族工业才逐渐兴起，继而又借鉴西方教育模式兴办了新式学堂，现代体育也就是在这一时期裹挟着"师夷长技以制夷"的悲凉，首先开始在新式学堂中传播和兴起的。因此，从清末至新中国成立的一百年时间里，中国现代体育在国际体坛是毫无地位和话语权的，国人甚至被扣上了"东亚病夫"的帽子。

　　新中国成立后，百废待兴，民族精神亟待提振。发展体育运动成为党和国家提振民族精神的重要抓手，从1952年7月29日五星红旗第一次在赫尔辛基奥林匹克会场升起、新中国体育健儿以崭新的姿态出现在国际体育赛场，到1984年许海峰在洛杉矶奥运会射击赛场上为新中国勇夺第一枚奥运金牌，再到80年代中国女排5次蝉联世界冠军，中华民族彻底改变了清末以来孱弱的精神面貌，民族精神得到了极大的提振。尤其是在1999年世纪之交在美国举办的第三届女足世界杯赛场上，中国女足姑娘们在对阵欧美强队时展现出的团结一心、不屈不挠、顽强拼搏的精神风貌，更是将国人的自信心、自豪感和凝聚力推向了顶峰。女足姑娘们犹如绿茵场上绽放的一朵朵鲜红的玫瑰，她们身上彰显出的中国女性美丽坚毅的特质感动鼓舞了国人，被亿万国人赞誉为"铿锵玫瑰"。坚韧刚毅、拼搏进取的铿锵玫瑰精神由此形成，不仅成为中国女足的精神内核，更成为鼓舞亿万国人努力奋进的精神力量。

中国女子足球运动起步较晚。1924年，在以陆礼华校长为代表的两江女子师范学校师生的支持下，第一支完全由中国女性组成的足球队在上海诞生。

西安铁路一中女子足球队成立合影

不过此后随着队员们先后毕业、离校，这支具有纪念意义的女足队伍也随之解散。新中国成立初期，广东梅州曾组建过5支女子足球队，是当时全国女子足球运动最活跃的地区，但由于缺乏政府支持未延续下来。直到70年代末期，在陕西、云南、北京等地，女子足球运动的星星之火又再次燃起。1979年，西安铁路一中和东方机械厂子弟学校女子足球队相继成立，在全国引起反响；1981年，云南楚雄自发举办了由来自5个省市的6支球队参加的第一次全国性女子足球比赛；1982年，北京5家新闻单位联合举办了全国10省市女子足球邀请赛，这一年全国女子足球队数量已达27支。

在此期间，世界女足运动也快速发展了起来。1971年，国际足联正式将女子足球列入发展议程；80年代，英国、德国、意大利、美国等国家女子足球运动发展势头迅猛。为顺应国内外女足运动的发展趋势，1982年底，国家体委正式将女子足球比赛纳入全国足球竞赛计划。此后，几乎全国各省、市、自治区都有了自己的女足队伍。乘借女足运动兴起的东风，1983年11月，广州举办了中国首次国际女子足球邀请赛，拉开了中国女子足球国际交流的序幕。我国辽宁、广东、吉林、长春、广西和陕西6支女足队伍首次与来自日本、新加坡等国的女足劲旅交锋，既开阔了眼界，又得到了锻炼。1983年12月，在广州国际女子足球邀请赛成功举办的契机下，中国国家女子足球集训队在广州正式组建，中国女足的黄金时代也徐徐拉开序幕。1986年7月，中国女足首次远征欧洲，参加在意大利威尼斯和托尔托纳举行的两次国际女足邀请赛，分别夺得季军和冠军。同年12月，中国女足首次参加在香港举办的第六届亚洲女子足球锦标赛（女足亚洲杯前身），并以全胜成绩获得冠军。为纪念这一历史性胜利，国家体委授予中国女足全体队员"中国第一批女子足球健将"称号。从此，中国女足便多年雄霸亚洲，并成为彼时世界足坛的一支女足劲旅。

从1983年底中国女足正式建队，到1999年第三届女足世界

20世纪90年代初期的中国女足

站上世界杯领奖台的中国女足队员们

杯决赛中撼负美国女足屈居亚军,中国女足开创了一个璀璨辉煌的时代。以孙雯、范运杰、刘爱玲、温莉蓉、水庆霞、赵利红、高红等人为代表的中国女足"黄金一代"球员创造了耀眼的成绩,她们在此期间获得7次亚锦赛冠军、3次亚运会冠军、2次女足世界杯亚军和2次奥运会亚军。1990—1999年,中国女足在对阵亚洲各国女足的比赛中没有一场失利,堪称亚洲女足之光。但在这些无上荣誉背后,却是女足姑娘异乎寻常的付出、努力和坚守,更是她们对国家荣誉和民族精神的守护和担当。20世纪70年代末,在中国女子足球运动兴起之初,为了争取更多的支持,关爱女足运动的人士曾写信给国家体委,表达了女性也要踢球,中国该有女子足球的愿望。曾任中国女足主教练的商瑞华在一次采访中说:"那时候,国内体育界的某些人士曾对女性踢球有很深的偏见,并不赞成发展女子足球。直到有喜欢足球的女中学生联名

217

写信给高层领导,有关部门才组织专家和医生进行讨论。"随后,全国各省市陆续开始组建女子足球队。1983年,国内女子足球运动全面兴起。1987年,女子足球被正式列为第六届全运会的比赛项目。

在体育主管部门的支持下,各省市基本上都有了自己的女足队伍,但球队训练条件却异常艰苦。我国女足运动的倡导者之一、西安铁路一中女子足球队创立者齐铁慧回忆西安铁路一中女足的训练场景时曾说:"现在有时想起当时的困难还会忍不住流眼泪,那会儿一穷二白,开创事业非常艰辛。当时队里有20名左右的队员,由于经费的限制,训练用的足球根本达不到一人一个,姑娘们大多是从初一到高一的学生,只能利用暑假时间训练,烈日炎炎,条件刻苦,但姑娘们从不叫苦叫累。为了提高队员的技术,还要经常带姑娘们来家里看电视学习技术动作。"在我国女足运动发展过程中,还有一些地方的女足队伍由于经费短缺而被迫解散,到1989年,国内女足队伍由30多支锐减为8支。国家队成立初期,训练经费也是捉襟见肘,甚至连训练队服都不能统一。但面对如此艰苦的训练条件,拿着低报酬的女足姑娘却始终保持着对足球纯粹的热爱,以流汗流血不流泪的拼搏精神投身于训练之中,以牺牲小我成就大我的奉献精神推动女足运动的发展,以民族振兴匹夫有责的爱国精神捍卫着国家的荣誉。中国女足的杰出代表孙雯为了能参加1996年亚特兰大奥运会的女足比赛,在完成半月板摘除手术的术后治疗后,便很快回到队里进行康复训练,每天都承受着巨大的痛苦。功夫不负有心人,术后4个月,孙雯奇迹般地站到了球场上,并帮助中国女足夺得了亚特兰大奥运会女足比赛的亚军。类似的事例在女足姑娘中不胜枚举。

"艰难困苦,玉汝于成。"在磨砺中成长的中国女足,在1999年的第三届女足世界杯上彻底爆发,她们用精湛的技术、坚强的意志和进取的精神一路高歌闯进决赛。彼时面对本土作战的决赛对手美国队,全队上下心中都憋着一股劲,因为这不仅仅是一场关乎世界女足霸主地位的比赛,更是一场在1996年"台海危机"和1999年美国轰炸我国驻南联盟大使馆的国际背景下宣泄国人心中愤慨之气的比赛,意义非同寻常,亿万国人守在电视机旁为女足姑娘加油。决赛中全队众志成城、气势如虹,面对人高马大的美国女足队员,我们的女足姑娘毫不畏惧,与之展开了精彩激烈的对攻。在120分钟的常规时间内,两队不分胜负,尽管中国女足最终在残酷的点球大战中憾负,但女足姑娘在比赛中打出了中国女性的风采、打出了中国足球的气势、打出了中华民族的精神气魄,捍卫了民族尊严和国家荣誉,她们用自己的拼搏和血性让全世界的球迷为之折服,让亿万国人为之倾倒。

玫瑰不言,却自铿锵。自此,女足姑娘缔造了坚韧刚毅、拼搏进取的铿锵玫瑰精神,这种精神成为一种克艰纾难、催人奋进的力量。当前中国女足的竞争对手越来越多、越来越强,中国女足在激烈的竞争中脱颖而出的难度也越来越大,因此只有尊重足球发展规律,加强队伍建设,充分发扬铿锵玫瑰精神,才能再攀高峰、再创辉煌!

KENGQIANG MEIGUI
风雨彩虹 铿锵玫瑰
体育精神与女性力量的完美融合

《风雨彩虹铿锵玫瑰》歌曲旋律激昂，歌词催人奋进，深深打动了听众。它表达了中国女性在逆境中不屈不挠、默默耕耘、无怨无悔的精神，不仅唱出了女足的心声，也唱出了中国女性的风采。它充满了体育精神和女性力量，鼓舞着中国女足奋勇争先，是广大球迷和歌迷的精神支柱。

"一切美好只是昨日沉醉,淡淡苦涩才是今天滋味;想想明天又是日晒风吹,再苦再累无惧无畏……"这首由田震演唱的富有节奏韵律的经典曲目《风雨彩虹铿锵玫瑰》,历经 20 余年依然打动着无数观众。每当熟悉的旋律响起,回忆就会被勾起,中国女足不畏强敌、团结拼搏的场景立刻浮现眼前。

2002 年,时任广东广播电视台编辑的方辉,用了 3 天时间为一档极限生存类综艺节目创作了名为《温柔美眉铿锵玫瑰》的主题曲,后来,该曲中的"温柔美眉"改为"风雨彩虹",曲名也变成了《风雨彩虹铿锵玫瑰》。虽然这首歌起初并不是专为中国女足而写,但歌曲中充满了对女性的赞颂,"铿锵"意味着声音宏亮,节奏分明;而"玫瑰"则代表着美丽娇嫩,鲜艳夺目。2003 年 1 月初,田震首次演唱改编后的《风雨彩虹铿锵玫瑰》,她那略带沙哑和沧桑的嗓音与歌词曲调协调配合,在场的听众无不为之动容,央视春晚总制片人当即决定要将这首歌带上春晚舞台。2003 年的除夕夜,田震以自己独具特色的演唱风格将这首气势磅礴的《风雨彩虹铿锵玫瑰》演绎得淋漓尽致,激昂有力的旋律一夜间传遍了大江南北。

《风雨彩虹铿锵玫瑰》也得到了中国女足姑娘的喜爱,当中国足协希望队员们挑选一首歌作为女足的队歌时,姑娘们一致选择了这首歌。田震听闻此消息后兴奋地说:"听到女足选中这首歌作为队歌,我感到格外高兴。这首歌表达了中国女性历经坎坷仍奋斗不息的精神,正唱出了女足姑娘们的心声。大家都知道,

田震与女足姑娘合唱《风雨彩虹铿锵玫瑰》

女足的姑娘们非常不容易,她们一直都默默无闻地为中国足球事业奉献着,最终创造了铿锵玫瑰的辉煌。"2003年8月17日,在出征世界杯前的中国女足南北明星争霸赛开幕式上,田震和女足队员们一起激情演唱《风雨彩虹铿锵玫瑰》,这首歌唱出了中国女足不惧困难险阻,历经风雨后怒放的豪情与畅快。此后这首歌伴随中国女足"纵横四海,笑傲天涯",成为球迷为中国女足加油助威的必唱曲目。

2007年女足世界杯小组赛最后一轮,中国队对阵新西兰队的比赛在天津水滴球场举行。由于中国队与同组的丹麦队同积3分,且净胜球少于对手,因此中国队若想小组出线,不仅要战胜新西兰队,还要寄希望于丹麦队不能赢巴西队。比赛当天,水滴球场涌入6万多名热情观众为中国女足加油,现场红旗招展、群情激

《风雨彩虹铿锵玫瑰》唱响在亚洲杯赛场

昂。在全场震耳欲聋的呐喊声中，中国女足不负众望，打出水银泻地般的配合，以2∶0击败新西兰队，全取3分。在得知最终出线的消息后，球场上空响起《风雨彩虹铿锵玫瑰》的歌声，女足队员绕场一周向球迷致谢，数万名球迷则挥舞着手中的五星红旗与之呼应，水滴球场变成了欢乐的海洋。后来，这样令人动容的场景又多次出现在中国女足的比赛场上，《风雨彩虹铿锵玫瑰》已经成为了中国女足的代名词。

2022年2月6日，凭借淘汰赛3场逆风翻盘的优异表现，中国女足一路披荆斩棘，站在了第20届女足亚洲杯决赛场上。然而命运弄人，志在夺冠的中国女足开局不利，上半场0∶2落后韩国队，留给中国队的时间只有45分钟了。就在所有人把心悬起来的时候，女足姑娘下半场顽强不屈，爆发出惊人的战斗力，4分钟内连进2球扳平比分，并在补时阶段绝杀韩国女足，上演了教科书式的极限逆转，最终以3∶2战胜韩国队夺得亚洲杯冠军。回顾本届女足亚洲杯，绝处逢生、逆转取胜的情节多次发生在中国女足身上，正如歌词中所写的"人生苦短，哪能半途而废，

223

不弃不馁,无惧无畏",也许这就是中国女足精神之所在!即使实力不如对手,也要不留遗憾,拼尽全力,即便落后也要拥有逆风而行的勇气。在这样的精神意志下,足球运动变得魅力十足,铿锵玫瑰永不凋零,我们可以永远相信中国女足!

《风雨彩虹铿锵玫瑰》代表了中国女足无数次历经风雨坎坷,涅槃重生的榜样力量,"铿锵玫瑰"就是女足姑娘身上最闪耀的标签。随着现代足球越来越多元化,足球不再是专属某一个群体的活动,曾经备受冷落的女子足球同样绽放出属于自己的光辉。近年来不断有女足姑娘走上留洋之路:效力于苏格兰足球超级联赛凯尔特人队的沈梦雨,加盟美国女足联赛路易斯维尔竞技队的王霜,征战欧洲职业足坛的李梦雯、张琳艳、肖裕仪、杨莉娜、吴澄舒……年轻的女孩们为了自己的足球梦想远赴遥远的国度,即便面临语言、饮食等方面不适应的问题,她们依然勇敢地迈出了脚步,就像带刺的玫瑰一样,生长于荆棘之上,仍然盛开出耀眼夺目的花朵。

《风雨彩虹铿锵玫瑰》唱出了中国女足在世界舞台上的风采,也唱出了中国女性在各个领域的力量。除了在绿茵场上奋勇拼搏的中国女足,还有在其他行业默默奉献的铿锵玫瑰,比如为无数女孩点亮希望之光的教育家、为国家探索太空的宇航员、为人民保卫生命的逆行者……她们用自己的行动诠释了新时代女性的精神:有梦想、有信心、有勇气、有坚持、有从容。只要热爱生活,努力工作,每一个普通女性都是最闪耀的铿锵玫瑰。

KENGQIANG MEIGUI
中国女足的旗帜

绿茵场上绽放的铿锵玫瑰孙雯

每个人一生都会遇到很多选择，面对选择最重要的是要清楚自己想要的究竟是什么，并愿意为之而坚持，在坚持的过程中可能会遇到很多挫折和困境，但要相信风雨过后才能见彩虹。从被别人嘲笑为"野路子"，到带领女足为国争光，成为国人心中的巾帼英雄，孙雯"历经风雨彩虹路，熔铸铿锵玫瑰魂"的拼搏经历让我们明白：只有坚持自己的信念，才能实现自己的梦想。

在新中国竞技体育发展的历程中,女子运动员做出了杰出的贡献,第一个打破女子世界纪录的跳高运动员郑凤荣、创造五连冠的中国女排、首位获得奥运会长跑金牌的王军霞、首个乒乓球大满贯得主邓亚萍、亚洲首位网球大满贯女子单打冠军李娜……中国女子运动员通过自己的努力和拼搏,将中国体育带上了世界体坛的巅峰,让全世界了解了中国体育,了解了中国女性。中国女足的旗帜、1999年女足世界杯最佳射手孙雯,作为中国女子运动员的杰出代表,在世界足球史上留下了浓重的一笔。她率领中国女足在20世纪90代创造了中国足球的辉煌,成为铿锵玫瑰的精神象征。

孙雯小时候住在上海的一个老弄堂里,当时弄堂里只有一台很小的黑白电视机,喜欢足球的父亲常带她和大家一起在电视上看足球比赛。看见电视上的人踢足球,她觉得她也能踢,于是父亲给她买了一个足球。孩童时的孙雯总是身穿白衬衫和卡其布裤子,脚蹬白色飞跃牌球鞋,一下课就迫不及待地和小伙伴们在弄堂里踢球。上小学时,班主任鼓励她带领班里的女同学组队参加上海市小学生运动会。在南市区(现黄浦区)的预赛中,她的一脚劲射使校队以微弱优势战胜了当时的体校队晋级市决赛。在决赛阶段,各区晋级上来的球队都有扎实的训练功底,实力远超她们,她们最终以全败的战绩铩羽而归。赛后,学校女子足球队便解散了,但孙雯的足球之路却延续了下来。她热爱这项运动,更想继续学习和从事这项运动。因此,在学校体育老师的推荐下,她报考了上海市体校，在150人中凭借领悟力强的特点被教练慧眼识中，成为6个幸运儿中唯一一个没有正规训练背景的球员。就这样，小学毕业时，她收到了两张录取通知单，一张是上海大同中学的，一张是市体校的。面对抉择，孙雯的父母向孙雯分析了走足球这条路的不确定性和艰辛，希望她去上大同中学。但喜欢足球的孙雯毫不犹豫地选择了市体校。

孙雯是带着仰慕的心情走进市体校的。她一想到以后要和那些以前在比赛中赢过自己球队十几个球的球员们一起学习、训练，心中就会莫名地激动。然而现实却没有想象得那么美好，体校的日子无疑是艰苦的，尽管她每日刻苦训练，但在一众球员中，她并不出挑，曾经在弄堂里"练就"的"野路子"踢法还经常遭到周围人的嘲笑。"那时确实是技不如人嘛！"好脾气的她面对这些讪笑倒也坦然。不过教练却对其他孩子说："你们不要笑她，可能最后踢出来的就是她。"这句话就像一束光，让自信的种子在她心里生根发芽，对她产生了深远的影响。在孙雯的坚持和努力下，她17岁时便入选上海队，并于同一年进入国家集训队。

孙雯是幸运的，在她选择为自己的梦想而努力时，女子足球运动在中国乃至全世界开始逐步兴起。也正是这次选择，让孙雯走向了属于她自己的传奇足球人生。进入上海队后，身体条件并不出色的她曾经很挣扎，但她没有停止努力并珍惜每一次上场的

赛场上的孙雯

机会。最终，因为一次替补上场后的出色表现，她幸运地被教练选中进入国家集训队。1991年，中国广东举办了第一届女子世界杯足球赛。18岁的孙雯以首发球员的身份在小组赛第二轮比赛中，打进了她职业生涯的第一粒世界杯进球。尽管在1/4决赛中中国队以0∶1负于瑞典队，无缘四强，可首次参赛就能取得如此出色的成绩，足以令人骄傲。

1996年亚特兰大奥运会首次设置了女足项目，这给了在1995年第二届女足世界杯中成功打进四强的中国女足一次问鼎世界冠军的难得机会。当然，这也给当时已任中国女足队长的孙雯

比赛中的孙雯

带来了很大的压力,她更加刻苦训练。高强度的训练使她的膝盖不堪重负,在年初做了半月板摘除手术。术后医生直言,至少要休养6个月才能恢复训练和比赛。但为了自己的梦想,为了中国女足,她完成术后治疗后便很快回到队里进行康复训练。功夫不负有心人,4个月后,孙雯奇迹般地站到了球场上。7月21日,中国女足迎来了亚特兰大奥运会女足比赛的第一个对手瑞典队,全体队员上下一心取得了开门红。此后的比赛中,女足姑娘更是气势如虹,一路克敌踢进了决赛。在决赛中与美国队对阵,中国队开局0∶1落后,孙雯在第31分钟接到队友赵利红后场送出的一记过顶长传,在对方回追的后卫和出击的门将包夹之下,用一脚极其精彩的挑射将球送入对方的大门,帮助中国队扳平了比分。不过,最终还是1∶2憾负东道主美国队,屈居亚军。但这届奥运会让中国女足走向了世界女足舞台的中心,让世人见证了中国女足的实力和精神,对中国足球有着非同寻常的意义,也让国人记住了孙雯这个"女足赛场上的马拉多纳"。

1999年6月,第三届女子世界杯足球赛在美国开赛了。此时的中国女足已是世界女足队伍中的一支劲旅,她们在小组赛和淘汰赛阶段一路高歌挺进了决赛。孙雯作为队长和球队的进攻核心,在小组赛和淘汰赛中共打进7球,还在对阵加纳队的比赛中上演了帽子戏法。1999年7月10日在洛杉矶玫瑰碗体育场,中国队和东道主美国队再次在决赛中相遇,这场比赛引起了当地美国人、旅美华人、在美留学生等群体的热切关注,决赛时共有9万余名观众来到玫瑰碗观战。在大洋彼岸,亿万国人也都围在电视机旁为中国女足加油。决赛中女足姑娘在队长孙雯的带领下,面对主场作战的美国女足不屈不挠、顽强拼搏,在常规时间内与美国队0∶0战平。随后的加时赛中,女足姑娘虽然在美国队门前创造了几次得分机会,但未成功转化为进球,比赛最终只能通过点球

孙雯与队友合照

决胜。不过可惜的是,中国队一名队员的点球被对方门将扑住,中国队最终4∶5负于美国队,屈居亚军,这也成为了那届中国女足姑娘的一大遗憾。尽管1999年的女足世界杯上中国女足未能如愿夺冠,但女足姑娘在场上团结一心、不畏强手、奋力拼搏的样子犹如绽放在绿茵场上的一朵朵玫瑰,鲜艳而美丽,她们被国际足联盛赞为在草地上下象棋,她们坚毅的表现感动了国人、鼓舞了国人、提振了民族精神,被亿万国人赞誉为"铿锵玫瑰",中国女子足球运动也为更多的人所关注、关心。从此,铿锵玫瑰成了中国女足的代名词。

孙雯在1999年女足世界杯上打进7球,被评为最佳射手和最佳球员,成为第一代铿锵玫瑰名副其实的旗帜,是中国女足在世界足坛的代表人物。2000年1月,她从布鲁塞尔将这两个奖项拿回国内后,感慨地说:"能同时得到金球奖和金靴奖,是一名足球运动员最梦寐以求的事情。站在领奖台上,一眼望出去,场内大多是欧洲、南美人,很少有亚洲人,中国人更是第一次站在这个颁奖台,从贝肯鲍尔手中接过奖杯,我更多的感觉是自豪。"这以后,全国的大街小巷里只要球踢得不错的小女孩,都会被邻里们叫作"小孙雯"。

如今,担任中国足协副主席的孙雯已从球场上的传奇运动员转变为一名足球管理者,肩上承担的责任也与当球员时有了显著的差别,用她自己的话讲就是"在宏观层面的考量中,需要有更好的综合协调能力,包括思维的开拓性和对整体的把握,应该说更琐碎,但更有挑战"。当前各国女足都在快速崛起,中国女足未来将面临更大的压力,祝愿孙雯在新的角色中继续发扬铿锵玫瑰的坚毅精神,带领新一代中国女足再创辉煌!

KENGQIANG MEIGUI

传承女足精神
再攀世界巅峰

记中国女足主教练水庆霞

她以百折不回的姿态，书写乘风破浪的气势；她以呕心沥血的体悟，描绘勇攀高峰的企盼。以初心锻造恒心，逆境成诗不言弃。"因为热爱所以坚持，因为坚持所以要不断进取。"踏入绿茵四十载，从球员到教练，水庆霞不仅是女足精神的缔造者、践行者，更是传承者，肩负责任与担当、使命与荣耀！为了心中的梦想，她矢志不移；为了女足精神，她勇往直前！

作为球员,她是中国女足的绝对主力,与孙雯等队友一起将中国女足带到世界之巅,缔造了女足精神,名扬天下。作为教练员,她上任不到2个月,就让中国女足摆脱东京奥运会失利的阴霾,重夺阔别16年之久的亚洲杯冠军。她是勇士,驰骋疆场,骁勇善战;她是将军,运筹帷幄,稳操胜券;她是女足精神的创造者,让铿锵玫瑰成为国人骄傲;她更是女足精神的传承者,把老一代女足的精神注入新一代女足,让国人坚信:你永远可以相信中国女足!她就是水庆霞。

水庆霞,祖籍江苏省盐城市阜宁县,1966年出生于上海市。11岁时进入上海虹口少年体育学校。水庆霞起初是主攻跳远和五项全能的田径运动员,1983年,在教练的推荐下才开始接触足球,那时她已经17岁了。尽管接触的时间较晚,但是水庆霞仿佛是为足球而生,技术水平进步神速,在绿茵场上如鱼得水。

球员时期的水庆霞

此外，生性好强的水庆霞在足球场上作风硬朗，不惧伤病。在日本留洋时，她在和男队员的对抗中不幸右腿胫骨被踢断，导致严重骨折。但手术后仅仅休养一个月，水庆霞就开始康复训练，并在几个月后参加了比赛。多年的运动生涯，水庆霞可谓伤痕累累，包括2次鼻梁骨骨折、1次十字韧带手术等，右腿胫骨植入的钢钉更是在七年后才取出来。对于这些伤病，水庆霞总轻描淡写地说："我觉得无所谓。"正是凭着这股狠劲，她获得了"拼命三郎"的美誉。

球员时期的水庆霞曾代表国家女足5次参加亚洲杯，5次皆奏凯而归，帮助中国女足成为当之无愧的亚洲第一女足。水庆霞曾自豪地说，20世纪90年代，中国女足是亚洲赛场上的王者，一骑绝尘、碾压他国。歌曲《风雨彩虹铿锵玫瑰》就是写给女足姑娘的，赞扬了她们的拼搏精神。

身为一名足球运动员，水庆霞收获了无数的荣誉和掌声。在2001年全运会完成卫冕后，35岁的水庆霞决定挂靴。作为足球的追梦人，她没有退出这片绿茵场，而是转身走向了新的战场——成为一名足球教练员。长期高水平的运动经历，让水庆霞指导深刻地认识到：绿茵场上，除了比拼体能、技能、战术与智慧外，更多的是考验运动员的意志、信念、作风、毅力和心理。上任伊始，她就十分重视队员的体能和心理素质训练，且以严厉著称。"我自己的想法其实很单纯，就是想让队员知道她们缺少什么、需要什么，但队员不一定能真正理解。"训练场上，水指导是个严厉、不苟言笑的教练。在学员眼中，她的确有点"凶"，对技术细节要求非常严格，抠得很细，达不到训练要求，绝不下课。在场下，水指导却有别样的温柔，她和球员打成一片，大家亲切地称她为"水妈妈"。"遭遇低谷没有人会开心，但重要的是如何做出改变，所以在和国家女足队员们第一次见面时我就一直在鼓励大家，

1996年亚特兰大奥运会中国女足夺得亚军（后排右一为水庆霞）

在困难的时候不要放弃，要有那股向上的劲儿，希望帮助整支队伍找回不服输的精神和对胜利的渴望。"这是水指导一直对中国女足队员传输的理念，也是对老一代女足精神的传承。

从事教练工作20余年来，水指导默默扎根于基层，独立指挥大小比赛无数，可以说，她在赛场上做出的每一次战术调整，还有每一次令人惊叹的"神奇换人"背后，都是一位教练对场上形势的清晰洞察以及对自己麾下球员特点的极致了解。辛勤耕耘终结丰硕之果，2011年，全国U17女足锦标赛上，水指导率领上海队夺冠。2014年，她又率上海女足过关斩将，获得全国女足联赛冠军。2015年，她率上海女足斩获全国足协杯冠军、女超联赛冠军，并被评为女超联赛最佳教练。2016年，水指导率队夺得全国女超联赛亚军并被评为最佳教练。2017年，她又率队捧起第13届全运会女足冠军奖杯并获最佳教练称号。2022年，水庆霞荣获中国足球金帅奖。

在2022年女足亚洲杯决赛中，中国女足在上半场两球落后的不利情况下，下半场逆转韩国队。对于这场比赛，水庆霞回忆道，在中场休息时，教练组根据场上的形势和数据进行研判，觉得很有机会打回来。所以，除了在技战术上做一些调整和改变，更重要的是要把必胜的信心传递给队员。推开休息室的门时，她看到运动员都沉默地低着脑袋，情绪比较低落。当时她努力克制住自己的情绪，跟队员们说："今天中国球迷在关注女足比赛，他们希望看到的是中国女足拼搏的样子。我们还有45分钟，忘记上半场比赛，相信我们一定可以，一定可以打回来！"下半场时队员们仿佛被水指导"点醒"，积极防守，不断拼抢，不怕输也不服输，发挥出了女足应有的风采。经过不懈努力，最后以3：2比分逆转，夺得亚洲杯冠军。

"和我当运动员感受一样，在困难的时候，我们中国女足就有那股劲儿，就有那股精气神。"水庆霞说。足球运动在广大民众心中有很大的影响力，大家之所以喜欢把中国女足称为铿锵玫瑰，就是因为中国女足在关键时候能够团结协作、勇于拼搏。对于中国女足来讲，更要传承和发扬这种永不放弃的精神，努力让自己变得更好，让中国女足在世界舞台上被看见。

指挥比赛的水庆霞

2022年，水庆霞获中国足球金帅奖

风雨同舟三十载
坚守初心育小花

张翔、钱惠伉俪演绎青训传奇

30年光阴，弹指一挥间。不变的是张翔、钱惠夫妇对对方的承诺和坚守以及他们发自内心对足球的热爱和梦想。他们舍小家为大家，坚守初心不动摇，扎根基层不放弃，凭借着强烈的责任心、事业心和敢为人先、无私奉献的精神，为中国女足事业源源不断地输送优秀后备人才，把青春献给了祖国的足球事业。他们搭建了体教高度融合的"一条龙"培训体系，带出了一支思想觉悟高、业务能力强、爱岗敬业的教练员队伍，输送了一批各级国字号球队的核心力量，亲手打造了"普陀女足"金字招牌。夫妻俩携手逐梦，共同演绎的青训传奇已经成为行业标杆，成为中国女足宝贵的精神财富！

　　2022年2月6日是一个让全体中国球迷感到振奋的日子,第20届女足亚洲杯决赛中,中国女足在上半时0∶2落后的不利情况下,发扬铿锵玫瑰不畏强敌、永不言败的精神,团结一心、顽强拼搏,打出了荡气回肠的绝地反击,上演了足以载入史册的惊天大逆转,下半时连进3球,力克劲旅韩国队,16年后再次登顶亚洲之巅,让鲜艳的五星红旗在赛场高高飘扬!

　　在梳理此次中国女足23人的大名单时,人们发现,唐佳丽、张馨、赵丽娜和杨莉娜这4位队员竟然来自同一个培训单位——普陀女足。换言之,普陀女足为本届中国女足培养输送了4名优秀运动员,占比近20%。据统计,普陀女足在30年的培训历程中,先后为国家队输送运动员31人,输送至一线队35人,输送至俱乐部32人,输送至二线运动队176人,输送至复旦大学等高校68人。不仅如此,普陀女足更是4次夺得欧洲青少年女足邀请赛冠军,代表中国夺得2003年第18届世界中学生运动会女足比赛季军,还获得了2006年全国U16女足联赛亚军和2014年全国中学生运动会女足冠军,包揽了上海市第11—17届运动会的女足A、B、C、D全部组别冠军。其输送队员之多、培训质量之高、比赛成绩之好史无前例,位居全国基层女足培训单位之首,树立了中国女足青训工作的标杆,而缔造这段传奇的就是闻名全国的足球伉俪——张翔、钱惠。

　　张翔,安徽省男子足球队队员;钱惠,河南省女子足球队队员。1989年,两人同时考入上海体育学院,四年后,已是男女朋友关系的张翔、钱惠双双顺利毕业。张翔留在足球教研室做了一名高校教师,而钱惠则被分配到普陀区青少年业余足球学校。此时,普陀区正在探索女足人才培养之路,计划以金沙江路小学为依托,成立一支小学年龄段的女子足球队,钱惠责无旁贷地承担起这个责任。建队之初的困难是可想而知的:球员人数少、场地不标准、住宿条件差、支持力度低……钱惠白手起家的艰辛,张翔看在眼里,疼在心里。于是,他经常从体院骑车40分钟赶到普陀,帮助女友指导学生训练。张翔曾经戏称"裤子都磨坏好几条"。三年的"义务带教"带出了感情,被孩子们"套牢"的张翔担心这批"很听话、很努力"的孩子升入初中后,极有可能面临想踢球但没有教练员的窘境。他舍不得这批孩子,于是萌生了一个大胆的想法:辞去令人羡慕的高校老师工作,调到普陀区,组建中学女足队伍,把这批孩子培养出来。自此,夫妻两人形成了紧密衔接的关系,钱惠负责小学阶段的启蒙训练,张翔则负责中学阶段的系统培养,为高校和职业球队输送人才。

一个严父、一个慈母,"夫妻足球店"正式开张营业了,但现实中遇到的困难却远比想象得要多!队员年纪小,需要教练协助;训练水平低,需要教练手把手地教;文化课学习任务重,需

张翔、钱惠夫妇研讨业务

张翔、钱惠夫妇在指挥比赛

张翔（左四）、钱惠（左五）和教练团队合影

要教练辅导作业；夫妻俩带着十多个孩子，身兼多职，既要做教练员，又要做生活保姆、文化课教师、后勤保障员，事无巨细，亲力亲为。周一到周五，早上5:50起床，出操，下午3:30训练，然后晚饭，自习——他们白天在球场上带队训练，晚上督促球员完成作业，等孩子们都入睡了，再商讨教案，时常熬到深夜。寒来暑往，夫妻俩相互理解、相互支持、相互鼓励、风雨同舟，烈日当头替代了花前月下，寒风刺骨成了最深情的告白，他们用自己的青春与热血浇灌着女足新苗茁壮成长。双休日、暑假、寒假、法定节假日是足球队训练比赛的大好时机，夫妻俩从没缺席过一天，也从没有抱怨过。多少个日日夜夜，多少个严寒酷暑，他们都是在足球场上度过，默默地坚守着这份自己热爱的足球事业。

自1993年起，普陀区体育局、教育局开始探索女足体教结合"一条龙"训练模式。张翔、钱惠夫妇克服种种困难，在实践中不断摸索前进，现已形成以金沙江路小学、新普陀小学、曹杨二中附属学校为龙尾,梅陇中学为龙身,曹杨二中为龙头,普陀区青少年足球学校为龙筋的"一条龙"训练模式,并逐步形成"小学做大、初中做实、高中做强"的发展体系。他们探索出的"小学—初中—高中"紧密衔接的"一条龙"培养体系,采取学习、训练、住宿"三集中"模式,教练员和运动员同吃同住,能够最大限度节省球员交通时间、缓解学训矛盾、保证训练质量、减少球员流失。如今,"一条龙"体系得到进一步延伸,已经下探到幼儿园,上拓到大学和职业足球俱乐部。在普陀区体育局、教育局的大力支持下,普陀女足已经发展为一片绚丽的玫瑰园,一批批的女足小将也用实际行动诠释着"做好人、读好书、踢好球"这句球训的含义。

伴随着事业蒸蒸日上,布点学校数量越来越多,张翔、钱惠夫妇面临的新问题又出现了。不断增加的球队亟需越来越多的高水平教练员,夫妇俩不仅要带好球员,还要带好教练员,培养一支能够传承普陀女足精神,具有先进足球理念、较高足球理论水平和执教能力的教练员队伍。张翔认为:"在选择教练时,我倾向于普陀女足队员毕业或退役后再回到我们团队,这样我们带队的思路就能保持一致。"经过多年培养,普陀足校现有8名女足教练,5名是钱惠的学生,其中就包括普陀女足培养的陆云、顾丽娟以及前国家队队员徐雯佳。除了开展日常训练比赛,张翔、钱惠夫妇还经常同年轻教练讨论训练理念、训练方法、训练手段,千方百计帮助她们提高理论水平和执教能力。此外,钱惠工作室将作为普陀女足的一个重要基点,在新一轮建设周期内不断吸收有专业发展潜力的年轻教练员、培养年轻骨干教练员、提升教练员职称和等级,努力将工作室打造成上海市优秀女足教练员团队。

三十年的执着与坚守,三十年的付出与梦想,张翔、钱惠夫妇在足球事业上互相成就、相辅相成。现任普陀区青少年业余足

普陀足校女足教研组荣获全国三八红旗集体称号

球学校校长的张翔先后荣获2005年上海市五一劳动奖章、2014年全国五一劳动奖章、2017年全国群众体育先进个人、2020年全国先进工作者等荣誉称号。钱惠被评为2001年全国群众体育先进个人、2011年全国业余训练精英教练员、2012年全国精英双百教练员、2015年上海市先进工作者等。2017年，普陀青少年业余足球学校首次获评国家重点高水平体育后备人才基地，成为全国120家重点高水平体育后备人才基地中唯一一家上榜的足球单项体校。同年，普陀足校女足教研组被评为全国体育系统先进集体，后又荣获2019年全国三八红旗集体称号。在2022年举行的第13届全国五好家庭评选活动中，张翔、钱惠家庭无可争议地榜上有名，为这段足球佳话再添美丽注脚。谈及取得的成就，夫妻俩不约而同地归功于对方，称是对方成就了自己。被问及未来的职业发展时，夫妇俩毫不犹豫地表示，要将青少年足球人才的培养作为自己毕生的事业。

KENGQIANG MEIGUI
铿锵玫瑰

走出大山的资中女足

"背篼精神"是资中女足自强不息、努力奋斗的缩影,更是中华民族优良传统在足球领域的生动体现。它告诉我们,困难从来不是追寻梦想的桎梏,强大的精神力量可以克服一切艰难险阻,只要心怀希望、勇于拼搏,每个人都能创造属于自己的奇迹!

  提起四川资中女足，关注中国女子足球运动发展的人都不会陌生。近年来，四川资中女足先后取得过省运会冠军、省足球锦标赛冠军、第二届全国青年运动会八强等荣誉，还为四川省女子足球队和国家集训队输送过多名优秀运动员。凭借资中女足的优异表现，2020年，资中县获批四川省女子足球队后备人才基地，成为四川省唯一一个女子足球后备人才基地。身处四川盆地中部的资中女足之所以能取得如此骄人的成绩和荣誉，除了长年累月持之以恒的刻苦训练，还有其背后传承的"背篼精神"。资中女足正是依靠着"背篼精神"的力量，多年来克服重重困难，一步步走出大山，走出县城，走向全国。

  起初，资中女足因为装备简陋，一度被称为"背篼队"。外出比赛时队员们的足球装备寒酸，甚至因为买不起运动背包，只能将球服和球鞋等比赛装备放在背篼里。资中女足队员背上简陋的背篼与其他球队的豪华装备形成了鲜明的对比。1988年2月，内江市资中县女子足球队前往成都参加比赛，在省会光鲜亮丽的街道上，背着竹编的背篼和铺盖卷的球员们与周围的环境格格不入。她们经费匮乏，没钱住宾馆，需要借用会议室打地铺。但物质上的差距丝毫没有减弱她们的斗志，这些来自山村的队员，身上有着一股不服输的精气神，因为她们明白，只有取得成绩，才能赢得对手的尊重。她们把所有的精力投入到赛场上，以实力赢得了比赛，使赛前瞧不上她们的对手主动找到她们，想和她们成为朋友。在"背篼精神"的激励下，资中女足的队员不仅赢得了比赛，还收获了友谊。

事实上，资中女足的训练条件比常人想象得更加艰苦。足球队成立之初，每人每天只有7角钱的补助，姑娘们外出比赛时为了节省开支，常常在车站里过夜。即便是寒冷的冬天，队员们也会在清晨6点准时参加足球训练。资中地区气候潮湿多雨，训练场地也常年泥泞，十几岁的小姑娘们在泥水中摸爬滚打，看着录像机中模糊的教学影像，一遍又一遍练习着技术动作。起初，由于缺乏专业指导，她们甚至不知道这些技战术的规范名称，只能凭想象将技术动作命名为"假停""假踢""后拖""内跨"等，并用粉笔把这些名称写在训练场的墙壁上。艰苦的条件并没有阻挡姑娘们对足球的诚挚热爱，她们刻苦训练，日复一日地磨炼提升自己的足球技术。这样的优良传统一直被传承下来，直到今天，平均年龄15岁的资中女足队员每年训练天数超过280天，每天平均训练时间不少于3小时。

除了队员的刻苦努力，资中女足今天的辉煌还离不开传奇教练付有刚——他本是一名毕业于成都体育学院的田径教练。1986年内江市在备战第一届四川省青运会时，资中县还没有自己的女子足球队，付有刚临危受命，在县体委的托付和支持下组建了资中女子足球队。从那以后，他带着从全县选拔出来的一群同他一样不懂足球的队员开始了艰苦的足球训练。由于缺乏足球训练经验，他被派到重庆学习。在讨论会上，付教练坦诚说出自己的心声："今天在座的教练中，只有我一个人不会踢球、不懂足球，这就是我最大的优势。"虽然这句话有点儿窘迫，但同时也体现出付有刚对未来满怀希望、充满信心。这句话恰好被四川省足协一位想要实践自己"运、控球第一"足球理念的领导听到了，他当晚便找到付有刚表达了想把资中女足作为试点的意向。通过交谈，两人一拍即合，随后四川省足协从成都第十三中学派了一名

背背篼的小女孩

足球老师前往资中对女足进行指导。

　　与此同时，身为教练的付有刚更是不断学习，甚至写下60余万字的教案与队员技术分析，在1987年全省足球教练员培训班拿到了理论考试第一名的成绩。他为每个球员的训练日记写批注，也记得每个球员的生日、爱好、脾气性格和家庭状况。球员缺衣服穿，付教练会送去；球员没有蚊帐，付教练买来挂上；球员生病了，付教练背着去医院，买回中药煎好喂给她们。甚至付教练的爱人每天早晨6点钟就要起床为球员烧热水。付教练及其家庭为资中女足付出了太多，在自己家庭负担很重的情况下，还把收入节省下来资助队员，这份无私的爱直到今天还让曾经的女足队员们难以忘怀。

　　现在已成为一名优秀足球教练的彭老师，回想起当初在资中女子足球队的日子时仍感慨万千："因为身在偏远的地区，没有电视，我们跟外界是隔离的，从来没见过足球，也没踢过。我们能与足球结下不解之缘，首先要感谢我们的启蒙教练付有刚老师，他的智慧、努力、坚持与对我们的关爱影响了我们一生。"优秀的教练遇到优秀的队员，他们擦出的火花照亮了简陋的训练场，也照亮了资中足球事业前进的道路。正是在这些背着背篼的女孩的不懈坚持和奋勇拼搏下，资中成为四川足球重镇，闻名全国。

今天的资中女足，在资金、设施、装备等方面都有了巨大的改善，然而"背篼精神"却没有改变，它提醒着每一名怀有足球梦想的小球员：体育运动没有捷径可走，只有不断刻苦训练，才能取得成绩。资中女足也带动了资中县的足球氛围，积淀了资中足球的历史传统，为资中乃至中国足球事业培养出一代又一代的优秀足球人才。

后　记

　　思想政治教育是中国共产党在长期的革命斗争和社会经济建设中形成的宝贵经验和重要法宝，更是在当前国际形势错综复杂、意识形态多元交织的环境下，培养政治合格、思想过硬、忠于祖国、忠于人民的爱国人才，增强国家凝聚力和民众创造力的主要方式。习近平总书记曾说："我对教育工作在这方面强调得最多，教育工作别的方面我也强调，但思政课建设我必须更多强调。"用好用活各种资源、推动思政教育创新，是增强思政教育的思想性、理论性、亲和力和针对性，保证思政教育质量，提升育人效果的重要手段。

　　足球作为世界第一运动项目，不仅具有极高的竞技观赏价值，还是开展思政教育的重要载体。因此，我们精心策划编写方案、严格筛选故事素材、认真审核版块内容，最终顺利完成了融合足球思政教育元素为主要内容的《绿茵精神》。该书兼具故事性、教育性和励志性，既可作为大中小学"大思政课"的教育素材，又可作为足球从业者及爱好者的手边书，是一本难得的体育思政读本。

　　衷心感谢徐根宝指导、孙雯副主席、水庆霞指导以及张翔钱惠夫妇！他们不仅在本书编写出版过程中亲自参与了各自故事内容的审核修改，确保了信息的准确性；而且对本书的整体设计、编排提出了宝贵的意见和建议。编委会也几易书稿，为的就是将最具代表性的思政教育元素呈现在读者面前。同时，感谢新华网、央视网、腾讯网、搜狐网、百度、视觉中国等网络媒体，他们为我们提供了丰富的故事素材和精美的图片。另外，在本书编写出版过程中，我们得到了众多友好的关心与支持，在此一并表示衷心的感谢！